중·한 사동문 대조 연구

朴连玉박연옥

韩国庆熙大学文学博士
中国延边大学法学硕士
中国延边大学法学学士

中国聊城大学朝鲜语系系主任
韩国南首尔大学中国语系专任教师
中国哈尔滨工业大学(威海)朝鲜语系系主任

出版译著 ≪"全球化"的宗教与当代中国≫；在 ≪언어와 문화≫，≪인문과학≫，≪한국어교육≫ 等韩国
KCI级别刊物以及 ≪东北亚外语研究≫ 等国内刊物上发表过 "A Comparative Analysis of Chinese
-Korean Causative Constructions for Korean Language Education"，"韩国语 "Uri" 和汉语对应
表达对比分析"，""Geureonikka" 的话语语用功能研究"，"韩国语 "-go itta" 和汉语对应表达对比分析"，
"语言类型学视角下的汉韩语致使句类型分析" 等多篇论文。

해외한국학연구총서 K064
중·한 사동문 대조 연구

초판 인쇄 2018년 9월 5일
초판 발행 2018년 9월 10일

지은이 박연옥 **펴낸이** 박찬익 **편집장** 황인옥 **책임편집** 한소아
펴낸곳 도서출판 박이정 **주소** 서울시 동대문구 천호대로 16가길 4
전화 02) 922-1192~3 **팩스** 02) 928-4683 **홈페이지** www.pjbook.com
이메일 pijbook@naver.com **등록** 1991년 3월 12일 제1-1182호

ISBN 979-11-5848-403-3 (93710)

* 책값은 뒤표지에 있습니다.

해외한국학연구총서
K064

중·한 사동문 대조 연구

朴连玉 著

(주)박이정

사동은 어느 언어에나 존재하는 문법 범주이지만 그 실현 방법은 언어마다 다양한 양상을 보인다. 이 책은 언어학에서의 대조분석의 방법을 응용하여 중국어의 사동문과 한국어의 사동문을 체계적으로 대조함으로써 두 언어의 사동문에 대한 체계적 이해를 돕고 제2언어 학습에서 모국어로 인해 발생할 수 있는 문제점을 대비할 수 있도록 도움을 주고자 하였다.

여기에서 다루고 있는 대조분석은 언어 전이 현상이 제2언어 습득과 관련된 모든 현상을 설명할 수는 없지만 제2언어 습득에서 여전히 모국어의 영향을 간과할 수 없다는 인식에서 출발한다. 이는 모국어가 목표어의 학습에서 범하는 오류 또는 어려움을 유발하는 유일한 요인은 아닐지라도 모국어와 목표어의 차이에 대한 이해는 제2언어 습득에서 중요한 역할을 할 수 있다는 것을 의미한다.

이 책은 학문적, 실용적 측면에서 중국어와 한국어를 전공하는 이들이 모국어와 목표어의 언어유형학적 차이를 보다 효과적으로 이해함으로써 효율적인 사동문 습득이 가능하도록 기획하였다. 특히 고립어인 중국어를 제2언어로 하는 한국인이 중국어의 사동문을 쉽고 정확하게 익힐 수 있도록 풀이하였다. 기존에 중·한 양 언어의 사동문에 대한 논의가 이미 진행되었으나 이 부류의 유형 분류 및 다양한 특성에 주목하여 사동문을 체계적으로 다룬 책은 많지 않은 상황이다.

이 책은 저자의 박사학위논문을 수정, 보완하여 이루어졌으며 비록 내용적으로 반영되어 있지는 않으나 관련 강좌를 담당하면서 실시하였던 설문조사와 학습자 오류자료에 대한 분석을 바탕으로 떠오르는 생각을 모아 구상한 내용들이 연구의 밑거름이 되었다. 사동문은 중국어와 한국어를 전공하는 이들이 공동으로 상당한 어려움을 겪는 문법 범주라는 사실, 특히 한국인 중국어 학습자는 모국어의 간섭으로 인해 표지가 있는 것만 사동문으로 간주하는 경향이 있음을 확인할 수 있었다. 이 책이 중국어와 한국어의 사동문에 대한 이해를 돕는 데 효용성이 매우 크리라 기대한다. 아울러 아직 내용적으로 추가적인 보완이 필요할 것으로 생각하고 추후 이 책의 보완을 위한 많은 질책과 조언을 바란다.

이 책이 완성되기까지 많은 도움을 주신 여러분들에게 고마움을 전하고 싶다. 부족함이 많은 학위논문의 출판을 맡아주시는 박이정출판사 관계자분들께 감사드린다. 바쁜 일정에도 박사학위논문의 극히 세부적인 부분까지 자세히 검토해 주시고 번거롭게 해드린 일도 많았지만 끝까지 도와주신 박동호 교수님께 감사의 말씀을 드린다. 그리고 언어학적 내용과 학위논문의 구성에 대하여 조언을 주신 강현화 교수님, 김정남 교수님, 배재석 교수님, 김재욱 교수님께 감사드린다. 철없는 딸을 믿어주고 항상 뒤에서 큰 힘이 되어 주신 부모님께, 언제나 이해와 너그러움으로 대해주는 남편에게도 감사의 마음을 전하고 싶다. 그리고 항상 용기를 북돋아준 사랑하는 동생 연금에게도 고마운 마음을 전한다.

2018년 8월 8일
박연옥

표 목차

제1장

서론

제1장 서론

1.1. 연구의 목적 및 필요성

본 연구는 제2언어 습득에서 모국어의 영향을 간과할 수 없다는 사실을 감안하여 사동의 실현에 있어서 중국어와 한국어는 어떠한 비슷한 점과 다른 점이 있는가를 대조적으로 고찰함으로써 중국어와 한국어를 가르치는 교사나 연구자 그리고 한국인 중국어 학습자, 중국인 한국어 학습자를 위한 참고자료를 구축하는 데 목적이 있다.

사동문은 주동문에 비해 논항이 하나 많고 사동의 의미를 갖는다. 즉, 사동문은 두 개의 동작의 주체와 두 개의 사건을 포함한다. 따라서 사동문은 문장의 구조가 복잡하며 이러한 이유로 외국인 학습자의 습득에 있어 많은 어려움을 야기한다. 고립어인 중국어에는 형태적 변화가 없기 때문에 '使'와 같은 동사를 추가하거나 어휘 자체에 사동의 의미를 갖고 있는 단어에 의해 사동을 실현한다. 교착어인 한국어에서는 형태적 변화에 의한 사동법, 통사적 장치에 의한 사동법, 어휘에 의한 사동법이 있는데 그 중의 일부는 중국어의 사동법과 매우 유사하다. 중·한 양 언어에서는 과연 어떠한 방법에 의해 사동이 실현되는지 이는 양 언어를 가르치는 교사와 한국인 중국어 학습자, 중국인 한국어 학습자에게 매우 중요하고 흥미로운 일이다. 중·한 대조 연구가 음운, 어휘, 문법을 비롯한 다양한 분야에서 이루어지고 있으나 문법 대조는 그리 많지 않은 편이다. 그 이유는 아마도 중국어는 일본어와 달리 언어유형론적으로 한국어와 많은 차이를 보이는 언어이기 때문일 것이다. 최근 들어 중·한 사동 대조 연구는 언어유형론과 응용언어학 차원의 연구를 비롯한 다양한 측면에서 이루어지고 있으나 숫자적으로 그리 많지 않고 중국어를 기준언어로 삼은 연구는 지금까지 그리 많지 않은 편이다.

제2언어 습득에서 모국어의 영향으로 실수를 굉장히 많이 범하기 때문에 모국어와 목표어 사이의 차이점과 공통점 특히 차이점을 정리해서 학습자에게 제시해주는 것이 언어 학습에 도움이 될 수 있을 것이다.

본 연구는 중국어를 공부하는 한국인 학습자, 한국어를 공부하는 중국인 학습자에게 중국어의 사동문과 한국어의 사동문에 대한 체계적인 대조 연구의 필요성에서 비롯되었다. 학습자들에게는 이러한 대조 연구가 중국어와 한국어의 사동문에 대한 체계적인 이해를 구축하는 계기가 될 수 있을 것이다. 학습자들은 중국어와 한국어의 사동문이 각각 어떠한 특성을 가지고 있고 그 특성들이 다른 언어와는 또 어떻게 구별되는가에 대해서도 이해할 수 있을 것이다.

본 연구에서는 우선 중·한 양 언어 사동문의 유형을 검토하고 각 유형 사동문의 특징들을 분석할 것이다. 그리고 중국어를 기준언어로, 한국어를 대조 대상언어로 설정하여 사동문의 다양한 특징들을 대조 분석할 것이다.

1.2. 선행 연구

중·한 사동문 대조 연구는 상대적으로 그리 많지 않다. 따라서 선행 연구는 중국어 사동문 연구, 한국어 사동문 연구 그리고 중·한 사동문 대조 연구의 세 가지로 나눠서 살펴보겠다.

1.2.1. 중국어 사동문 연구

사동문에 대한 연구는 중국어 문법학의 초창기부터 시작되었는데 그

때는 사동문 관련 문법현상에 대해 간단하게 언급하는 데에 그쳤다. 陳承澤(1922:73)는 "타동사가 아닌 것이 타동사로 쓰여 '致然(어떻게 되게 하다)'이나 '以爲然(무엇을 당연히 그렇다고 여기다)'의 뜻을 갖게 된다면 '致然'의 의미를 나타낼 때 그것을 '致動用'이라고 지칭할 수 있다"[1]고 하였다. 그 후 呂叔相(1942:92)에서 사동에 대해 매우 자세히 다루었는데 "고대중국어(文言)에서는 '使'와 '令'을 致使[2]의 뜻을 나타내는 동사로 간주하고 현대중국어(白話)에서는 '叫/敎(교)' 등을 사동의 뜻을 나타내는 동사로 간주하는데 이러한 동사는 뒤에 따르는 목적어로 하여금 움직임이 생기게 하거나 어떠한 변화를 가져오게 하는 뜻이 있고 따라서 이러한 목적어 뒤에는 항상 동사가 하나 더 따른다"[3]라고 사동에 대해 해석하였고 '使' 자 사동문, 일부 '兼語句', '把' 자 사동문, '動結式' 사동문, '以…爲' 구문의 5개 유형에 대해 논의하였다. 王力(1954:110)는 사동을 의미적으로 해석하였는데 그에 따르면 '弄壞[4]'에서 '弄'은 원인이고 '壞'는 결과로서 원인이 없으면 결과도 있을 수 없는 것처럼 어떠한 행위든지 막론하고 반드시 결과가 있는데 이러한 형태를 그는 '使成式'이라고 지칭하였다.

　　繆錦安(1990), 範曉(2000), 郭銳·葉向陽(2001)은 사동의 정의에 대해 비교적 체계적으로 논의하였는데 繆錦安(1990:42)은 사동을 "참여자로 하여금 변화를 가져오게 하는 동작"을 사역 동작이라고 하였고[5] '使成

---

1) 원문: "他動字以外之字, 變爲他動, 而特含有'致然'或'以爲然'之義者; 含'致然'之意時, 謂之致動用."

2) '致使'는 한국어의 '사동'에 해당하는 용어로 논의의 편의상 이후 '致使'를 모두 '사동'으로 대체한다.

3) 원문: "致使句的標准動詞在文言裏是'使'和'令', 在白話裏是'叫(敎)'等字, 這些動詞都有 使止詞有所動作或變化的意思, 所以後面不但跟一個止詞, 止詞後面還要加一個動詞."

4) 동사 '弄'은 '어떠한 사물을 어떻게 되게 하다'의 뜻이 있고 여기에서 '壞'는 한국어의 '고장 나다'에 해당된다.

5) 원문: "動作如引起動作者以外的參與者變化, 這是使役動作."

式'과 어휘에 의한 사동법에 대해 논의하였다. 範曉(2000)은 사동은 어떤 사물이 자발적으로가 아니라 어떤 주체의 작용이나 영향으로 인해 동작 행위, 활동상의 변화나 성격상태의 변화를 가져오는[6] 객관 사실을 반영하고 이를 학문적으로 '致使' 또는 '使役'이라 지칭할 수 있다고 하였다. 郭銳·葉向陽(2001)은 "사동 표현은 사동 상황을 표현하는 표현 형식"[7]이라고 하였는데 그들에 따르면 사동 상황은 두 개 또는 두 개 이상의 사건을 포함하고 그 사건들은 작용과 효응의 관계를 갖는다.

沈陽·何元建·顧陽(2001), 彭利貞(1997)은 형태적 측면에서 사동을 논의하였다. 沈陽·何元建·顧陽(2001:69~159)에 따르면 사동문의 기본적인 통사 구조는 使動('무엇으로 하여금 어떻게 되게 하다'의 뜻) 구조인데 이 문장은 사역동사를 하나 포함하고 사동주를 생성한다. 이 사역동사는 '使, 令'과 같이 형태적으로 드러나기도 하고 영 형태로 존재하기도 하는데 전자의 경우 그 문장은 '使動句[8]'이고 후자의 경우 그 문장은 어휘에 의한 사동법[9] 또는 사동의 의미를 갖는 'V-得' 구조[10]이다.[11] 彭利貞(1997)은 인구어 사동문 연구에서 거둔 성과를 바탕으로 형태적 측면에서 중국어 사동을 통사적 구조 층위, 형태 변화 층위, 영 형태 층위의 세 가지로 분류하였다.

陳昌來(2001)은 '使令句'[12], '致使句'[13] 의 두 가지 유형의 사동문을

---

6) 원문: "某客體發生某種情況(包括動作行爲、活動變化、性質狀態等)不是自發的, 而是受某種致使主體的作用或影響而引發的,致使主體對實體(致使客體)的作用或影響(導致某實體發生某種情況), 用科學述語稱之, 就是'致使"(或"使役")"
7) 원문: "致使表達指表達致使情景的表達形式."
8) 예문: 小紅使大夥兒笑了。☞ 소홍은 모두를 웃게 만들었다.
9) 예문: 他的話溫暖了我的心。☞ 그의 말은 나의 가슴을 따뜻하게 해주었다.
10) 예문: 張三激動得流下了眼淚。☞ 장삼은 감동을 받아서 눈물까지 흘렸다.
11) 원문: "使役句法的基本結構是使動結構, 它含有一個使役動詞, 並指派致事元.使役動詞可以是一個實實在在的詞(使、令等等), 也可以是零形式.如果是前者, 句法生成的結果就是使動句;如果是後者, 我們就可以得到詞的使動用法或者有使動用法的"V-得"結構."
12) 예문: 小李的一席話活躍了會場的氣氛。☞ 소리의 말은 회의장이 활기를 띠게 하였다.

중심으로 그 통사구조를 분석하였다. 그의 논의에서는 '致使句'는 논항이 세 개인 문장으로 보았다. 즉 사동사는 사동주, 피사동주, 보어(보족어)의 세 개의 논항을 갖는다는 것이다. 範曉(2000)은 사동 의미의 명확 여부에 따라 사동문을 유표지 사동문과 무표지 사동문으로 구분하고 전자는 '使' 자 구문[14], 'V使' 자 구문[15], '使動' 구문[16], '把' 자 구문[17]의 네 가지 유형으로 세분하였고 후자는 '使令' 구문[18], 'V得' 구문[19], '使成' 구문[20]의 세 가지 유형으로 세분하였다. 아울러 이들 구문의 통사 구조를 자세히 논의하였으며 형태와 의미의 대응 관계를 분석하였다.

熊仲儒(2004)는 생성문법의 관점에서 현대 중국어 사동문을 논의하였는데 그는 '重動式' 구문[21], '把' 자 구문, '得' 자 구문, '動結式' 구문, '與格式' 구문[22]이 모두 사동문으로 간주될 수 있다고 함으로써 사동문의 범위를 확장시켰다.

郭姝慧(2004)는 유형학적, 인지언어학적 관점에서 몇 가지 중요한 사동문에 대해 다루었다. 그는 외국인을 위한 중국어 교육 현장에서 나타난 실제 문제를 근거로 중국어의 사동문을 結果謂詞(결과술어) 사동문[23], '使'자 사동문, '得'자 사동문, 도치 사동문[24]의 네 가지로 분류하였다.

---

13) 예문: 系裏派張老師去上海。☞ 학과에서는 장선생님을 상해로 파견하였다.
14) 예문: 他使我振作起來。☞ 그는 나로 하여금 정신을 차리게 하였다.
15) 예문: 好奇心驅使他鑽進洞去。☞ 호기심이 그를 동굴 안으로 들어가게 하였다.
16) 예문: 這個措施方便了群眾。☞ 이 대책이 군중을 편리하게 해 주었다.
17) 예문: 這件事把我感動了。☞ 이 일은 나를 감동시켰다. ('處置'의 의미를 나타내는 '把' 자 구문은 제외함.)
18) 예문: 我們選擧他當代表。☞ 우리는 그를 대표로 선발하였다. (이 부류의 동사는 모두 실질적인 의미를 갖는다는 데에서 '使字句'의 '使, 令, 叫'와 다르다고 하였다.)
19) 예문: 他說得她抬不起頭來。☞ 그는 그녀가 머리도 쳐들지 못하게 나무랐다.
20) 예문: 武松打死了老虎。☞ 무송은 호랑이를 때려 죽였다.
21) '給予(장려하다, 칭찬하다, 부여하다)' 로 이루어진 문장을 말한다.
22) 예문: 她吃飯吃完了。☞ 그는 밥을 다 먹었다.
23) 예문: 這些蛐蛐發了兩戶人家。☞ 이 귀뚜라미들은 두 집을 부자가 되게 하였다.
24) 예문: 那本書看了我一個禮拜。☞ 나는 이 책을 일주일씩이나 읽었다.

牛順心(2004)는 언어유형론적 관점에서 중국어 사동의 유형 및 발전에 대해 고찰하였다. 그는 Shibatani(1976, 2001), Comrie(1989), Dixon(2000)의 연구 성과를 바탕으로 사동 구조를 형태적인 것, 어휘적인 것, 통사적인 것으로 분류하였는데 중국어에서 형태적인 것과 어휘적인 것은 동목구조와 일치하고 통사적인 것은 서술어의 변화나 복합문의 형태로 실현된다고 하였다. 그 중에서 통사적인 것이 중국어의 중요한 사동 형태인데 여기에는 使令式25), 致動式26), 隔開式27)의 세 가지가 포함되어 있는 것으로 보았고 그 중에서 使令式은 명령의 의미를 내포하고 있기 때문에 致動式, 隔開式만이 진정한 의미에서의 사동문이라고 하였다.

宛新政(2005)는 사동문의 구문적 특징을 논의함에 있어서 통사, 의미, 화용의 세 가지 측면을 모두 고려하였는데 그는 사동을 표지의 유무에 따라 '使' 자 사동문, '把' 자 사동문, '使令' 동사에 의한 사동문, '使成' 구문, 'V得' 사동문, 어휘에 의한 사동문의 6개로 분류하였고 앞의 두 개는 표지가 있으므로 유표지 사동문이라고, 나머지 4개는 표지가 없으므로 무표지 사동문이라고 지칭하였다.

박미정(2002)는 현대중국어의 사동에 대한 기존의 연구 성과를 재정립하는 차원에서 사동 의미를 나타내는 표현들을 분류하여 통사·의미적 특성을 분석하는 것을 목적으로 하였다. 그리고 사동은 형식상 사동자와 피사동자가 있어야 하고 의미상 '원인+결과'로 분석될 수 있는 것이어야 한다고 하였다. 아울러 사동이란 사동자가 어떠한 작용을 하여 피사동자에게 어떤 행위를 하게 하거나 피사동자를 어떠한 상태에 이르게 하는 것이라고 정의하였고 피사동주의 행위의 수행 여부는 사동의 조건이 되지 않는다고 설명을 덧붙였다. 통사적 특성을 분석하기 위해 논항

---

25) 예문: 派他去開會。☞ 그를 회의에 참석하게 한다.
26) 예문: 讓我很高興。☞ 나를 즐겁게 한다.
27) 예문: 罵得他哭了。☞ 꾸짖는 바람에 그는 울었다.

수, 부정의 수식 범위, 부사어(장소 부사어, 시간 부사어, 도구 부사어)의 수식범위를 살펴보았고 의미적으로는 직접 사동과 간접 사동, 분리적 사동과 비분리적 사동, 동시 사동과 시차 사동, 완결사동과 미완결사동의 다섯 가지 사동 표현 사이에 어떠한 의미상의 차이가 있는지 살펴보았다.

김윤정(2008)은 '讓, 叫, 使, 使得, 令, 把' 등 특수한 표지를 갖는 사동 구문에 대해 논의함으로써 한국인 중국어 학습자를 위한 참고자료를 구축하고자 하였다. 그는 朱德熙(1997:179)의 주장을 인용하여 사동문의 제1동사는 동사로서의 자격을 상실한 기능어(function word)이지만 겸어문의 제1동사는 여전히 실질적인 의미를 갖는 내용어(content word)이므로 사동문과 겸어문은 다른 문법 범주라고 하였다. 그는 또 중국 CCTV의 한 프로그램인 '實話實說'의 대본 10편을 조사 대상으로 선정하여 '把'와 공기하는 술어 유형을 고찰한 결과 빈도가 가장 높은 술어 유형은 결과보어구조였다. 따라서 그는 '把+결과보어구조'를 '把' 구문의 대표 유형으로 확정하여 논의하였다. 한편 결과보어구조는 '讓'과 공기하지 않는 것으로 보았는데 그러한 주장을 반증할 수 있는 용례들이 실제로 많이 찾아볼 수 있다. 예를 들면 문장 '他讓我喝醉了'는 매우 자연스럽다.

劉街生(2013)은 중국어에는 진정한 의미에서의 사동동사가 존재하지 않으며, '摔'과 같은 어휘에 의한 사동문 역시 통사구조가 바뀜에 따라 사동의 의미를 나타내지 못하게 된다고 하였다.

김은주(2017)은 사동에 관한 다양한 정의를 바탕으로 사동에 대한 범언어적인 정의는 '시킴사동', '상태사동(주로 결과구문에 기인한 사동)', '복합사동'의 세 가지라고 하였다. 이 세 가지 정의 가운데 사동이 원인과 결과의 두 사건을 포함하는 '복합사건'이라는 관점에서 중국어의 어휘 사동을 원동사와 사동사가 형태적으로 다른 보충형 사동('殺', '喂', '送' 등 원동사와 사동사가 형태적으로 다른 사동사), 영파생 사동('安定, 便利, 端正, …' 등 V/A 교체 형식 겸류사 사동, '痲痺, 感動, 結束, …' 등 Vi/Vt 형식

겸류사 사동), 복합어휘 사동('打碎, 喝醉, 哭腫, …' 등 V-V 형식의 '動結式'[28] 사동, 복합 재귀 사동[29]'), 도치식 어휘 사동[30]으로 분류하였으며, 이러한 사동문이 어떠한 통사 의미적 기제에 의해 사동의 의미를 구현해내는지 어휘 사동의 형식적 특징과 의미적 특징을 함께 살펴보았다.

이봉금(2017)은 '殺', '染'처럼 목적어를 대동함으로써 사동을 표현하는 동사는 '打破'와 같은 'V1+V2'의 융합이 하나의 어휘적 역할을 하여 그 뒤에 목적어를 취함으로써 사동을 나타내는 경우와 다르다고 하였다.

이와 같이 중국어 사동에 대한 연구는 사동에 대해 간단하게 언급하던 데에서 점차 구체적으로 해석하였으며 그와 함께 사동의 범위가 점차 확대되었다. 나아가 사동문의 형태적 특징, 구문적 특징, 화용적 특징을 다루는 연구들이 속출하였다. 한편 최근에는 蔡軍·張慶文(2017), 김은주(2017), 黃媛媛·陳莉萍(2018) 등을 비롯한 어휘적 사동문(動結式[31] 사동문 포함) 연구가 점차 많아지고 있다. 蔡軍·張慶文(2017)은 문장 '小明氣哭了小紅.'은 '小明惹小紅生氣小紅哭了.'로 해석할 수 있는 것으로, 이러한 문장의 통사 구조 및 생성 과정을 체계적으로 다루어 그러한 문장의 사동성을 증명하려고 하였다.

중국어에는 사동문의 유형이 상당히 많다. 또한 학자들마다 사동문의 유형 분류에 있어 다양한 관점을 보이고 있다. 본 연구에서는 기존에

---

28) '동결식'에 대한 설명은 〈2.1.〉을 참조.
29) '재귀 사동'이라 함은 사동주의 사동 행위 결과가 사동주 자신에게 되돌아온다는 의미인데 周紅(2005)는 '完全反身致使' '不完全反身致使'의 두 가지로 분류하였다. 아래와 같은 문장들이 재귀 사동이다.
　　小王寫報告寫膩了.
　　老張說道理說煩了.
　　她洗衣服洗累了.
30) 아래와 같은 문장들이 이 부류에 속한다.
　　那碗面吃了他一頭汗.
　　這封信寫了我半天.
31) '動結式'에 대한 해석은 2장을 참조.

언급된 모든 사동문을 일일이 분석하여 연구의 대상을 한정하고 한국어와 대조분석을 수행할 것이다.

1.2.2. 한국어 사동문 연구[32)]

한국어의 사동문 연구는 전통문법 시대의 최현배(1937:387~388)에서 비교적 상세하게 논의되었다. 그는 사동을 "월의 임자가 직접으로 바탕스런(實質的) 움직임을 하지 아니하고, 남에게 그 움직임을 하게 하는 꼴스런(形式的) 움직임을 나타내는 움직씨를 이름이니라."라고 정의하였고 '-이-, -리-, -우-, -기-, -히-, -후-, -키-, -구-' 등에 의한 접미사 사동법, '-시키-' 사동법, '-게 하-' 사동법으로 분류하였다.

손호민(1978), 송석중(1978b), Shibatani(1973), Shibatani(1975) 등은 동의설과 이의설에 대해 논의하였다. 손호민(1978)은 "의미구조는 같지만 표현을 두 가지로 할 수 있고 그들 두 표현의 통사적 내지 형태적 관계 삭제나 전치(fronting), 상승(raising) 등으로 연결시킬 수 있을 때 짧은 표현은 의미상 더 직접적이다."라고 하는 Ross(1978)의 가설[33)]은 동의설과 이의설의 절충이라고 하였고 직접사동과 간접사동의 약간의 차이를 인정하면서도 장·단형을 동일한 심층에서 도입할 것을 주장하였다. 송석중(1978b)는 동의성 가설을 인정하였을 때 부딪히는 여러 문제점을 담화 상황, 부정문 구성, 보조동사, 주체존대 어미 '시'와 관련된 언어 사실을 예로 들어 지적함으로서 두 형식의 차이는 통사적 구조뿐만 아니라 의미상으로도 부인하기 어려울듯하다고 하였다.

Shibatani(1973)은 한국어의 사동을 직접사동과 간접사동으로 나누고

---

32) 한국어 사동에 대한 연구는 고정의(1990), 김성주(1997) 등을 참조.
33) 원문: "When there are two of saying something in roughly the same words, the 'shorter' one is the more 'immediate' semantically."

의미적 측면에서 접미사에 의한 사동문과 통사적 사동문의 기본적 차이를 동작주의 수에 두고 있다. 후자의 경우 동작주가 두 명인데 비해 전자는 동작주가 한 명으로 이러한 차이로 양자의 의미가 달라진다는 것이다. Shibatani(1975)는 접미사 사동문과 통사적 사동문이 동의이기 위해서는 각각의 문장에 대한 함의내용과 진리조건이 서로 같아야 한다고 하고 한국어의 경우 '아버지는 할머니에게/를 차에서 내리게 하였다.'에서는 '할머니가 살아 있다'는 것을 반드시 함의하는 데 반해 '아버지는 할머니를 차에서 내렸다.'에서는 그렇지 않는 것처럼 접미사 사동문과 통사적 사동문은 함의내용이 같지 않다는 것을 주장하면서 두 사동문의 이의설을 뒷받침하고 있다.

조규설(1974), 허웅(1975), 김일웅(1978), 김차균(1980) 등은 접사에 의한 사동사를 타동사로 보았다.

김석득(1980)에 따르면 능격성을 갖고 있는 동사나 형용사만이 사동사를 파생시킬 수 있는데 주어의 의미소성과의 관계에서 행위나 상태가 다음과 같은 경우에는 능격성이 없다고 하였다.

1)　자연발생적인 것이거나 자연현상적인 것.
　　(꽃이 핀다. 꽃이 피는 것은 자연현상적인 것)

2)　본능적인 것.
　　(새가 노래한다. 새가 노래하는 것은 누가 시켜서 하는 것이 아니라 새가 갖는 본능에 의한 것)

3)　천재지변 따위 불가항력적인 것.
　　(홍수가 났다. 홍수는 불가항력적인 하늘의 재앙이므로 시킴의 주체가 없음)

4)　자의에 의한 자발적인 것.

(학생이 (자의로/자발적으로) 공부한다. 자의로 공부하는 것이므로
시킴의 주체가 있을 수 없음)

5) 1항 서술어가 재귀적 의사 자동사일 때, 2항 서술어가 재귀적인
    동사일 때.
    (그가 (그 자신을) 면도한다. 행위자가 자의에 의한 것이므로
    능격성이 없음)
    (그는 자신을 원망한다. 남의 의지가 아니라 자기 의지에 의한 것)

그에 따르면 능격성의 기본적 제약조건은 사동문이 되기 전의 문장에 있는
행위나 상태의 의미소성에 있으며 이 기본적 의미소성에 의하여 접미사계(접
미사 사동)나 도움움직씨계('-게 하-'에 의한 사동)의 형태적 과정이 수행되
어 나온다. 따라서 사동주나 피사동주의 성격은 유정성에 상관없이 주동문의
서술어가 능격성을 가지면 사동문으로서의 변환이 가능하다는 것이다.

박양규(1978), 양동휘(1979) 등은 사동접미사 '-이-'를 피동접미사
'-이-'와 동일한 형태소로 보았다. 박양규(1978)에서는 사동과 피동의
'이'를 동일시할 수 있는 통사적 특성을 제시하였다. 양동휘(1979)는 피동
화 및 사동화 될 수 있는 모든 동사(100개)를 수집하여 그 피동화와
사동화의 가능성을 필자의 직관에 따라 분류한 결과, 접미사가 붙어서
피동으로만 쓰이는 것이 12개, 사동으로만 쓰이는 것이 19개이고 나머지
69개는 피동으로도 사동으로도 쓰일 가능성이 있으므로 국어에 있어
피·사동접미사가 피동접미사로도 사동접미사로도 쓰임은 예외적인 우
연한 현상이 아니라고 하였고 '-이-, -히-, -리-, -기-' 등의 사동
접사를 피동 접사와 동일한 형태로 보았다.

김영희(1985, 1993), 이광호(1988), 김정대(1989, 1990) 등은 접미사
사동문과 통사적 사동문의 통사적 구조에 초점을 두고 이들이 단문인가
복문인가에 대해 논의하였다. 김영희(1985)는 통사적 사동문이 복합문

구성이라는 전제 아래 내포문의 주격이 왜 대격으로 바뀌는지에 대해 주어 올리기(subject raising)[34]를 설정하여 이러한 통사 현상을 정확히 기술할 수 있다고 하였다. 주어 올리기의 설정을 뒷받침해주는 통사규칙으로 그는 성분 뒤섞기, 셈숱말 떼내기(quantifier floating '명사+수량사' 구성 분리)[35], 인칭 셈숱말(personal quantifier 인칭 수량사 명사구), 주어 존대법 등을 제시하였다. 이광호(1988)은 김영희(1985), Kang Young Se(1986)을 비판적으로 검토하고 격 자질 배당 원리와 관련하여 '목적어-주어 동지표문'의 D-구조[36]를 상정하고 삭제변형을 통하여 나타나게 되는 공범주 명사구 논항을 설정함으로써 공범주 논항에 나타나는 재귀사, 대명사, 지시-표현(R-expression)을 합리적으로 설명할 수 있다고 주장하였다. 김정대(1989, 1990)에서는 앞선 연구들에 대한 검토가 비교적 철저하게 다루어졌고 대동사의 쓰임, 부정문 구성, 서술어의 자리 값, 재귀대명사의 쓰임 등 통사적 규칙을 근거로 통사적 사동문이 복합문 구성임을 밝혔다. 김영희(1993)은 문 쪼개기 현상, 부사어의 수식 영역, 보조 동사 '보다'의 분포 현상, 부정문 구성, 주어 존대 어미 '-시-'

---

34) 김영희(1985)에 따르면 통사적 사동문을 복합문 구성이라는 전제 아래 그 하위문의 주어를 상위문의 목적어로 승격시켜 주어로 하여금 목적어가 되게 해주는 통사 규칙이다.

35) 셈숱화되는 명사와 그 셈숱말은 셈숱말 높이기(quantifier lifting) 또는 부분적 구성 (partitive construction)에 의하여 단일한 문장 성분 '명사+셈숱말'의 복합 명사구를 구성하고 있다가 셈숱말 떼내기의 적용을 받아 별개의 문장 성분으로 독립되는데 이때에 기능 이어 받기 법칙(functional succession principle)이 작용하여 명사와 셈숱말은 각각 복합 명사구가 지녔던 문법적 기능을 이어 받게 된다. (김영희(1985)를 참조)

36) 가. 철수는 영자를 영자가 가도록 설득하였다.
　　나. 철수는 영자를 가도록 설득하였다.
　　다. 철수는 영자가 가도록 설득하였다.
　　　이광호(1988)에 따르면 (나.)와 (다.)에 대한 삭제변형 이전의 D-구조가 바로 (가.) 이다. (가.)에서 동지표된 상위문의 '영자'와 동사구 보문의 주어 '영자'는 후자가 재귀사 등으로 대치되지 않는 한, 반드시 어느 하나를 삭제해야 하는 변형 절차를 거쳐야 한다고 하였다. 이러한 방법으로 (나.)와 (다.)가 '목적어-주어 동지표문'임을 확인할 수 있다고 하였다.

의 출현 현상으로 통사적 사동문의 표면 구조가 복합문임을 설명하였다. 한편 기저에서 피사동주가 여격과 대격을 가질 때 통사적 사동문은 단문 구성이고 주격을 가질 때 통사적 사동문은 복합문 구성이라고 하였다.

류성기(1993)은 사동사를 "사동주가 피사동주에게 어떤 행위(직접행위, 간접행위)를 가하여 피사동주에게 변화나 행위를 입히는 동사"라고 정의하였다. 아울러 '사동사'라는 용어에 비해 '加動動詞'라는 용어가 적절하다고 설명을 덧붙였다. 그 이유는 '被動動詞'와 서로 대립관계가 성립되기 때문이다. 이 연구에서는 사동사가 되기 위해서는 사동사는 대당 주동사가 존재해야 하고 만약 대응되는 주동사가 없는 경우에는 기본의미 사동사와 동일한 확대의미요소를 지녀야 한다는 의미 제약, 사동문은 대당 주동문이 성립해야 하고 만약 대당 주동문이 성립하지 않는다면 기본의미 사동사와 동일한 격자질을 가져야 한다는 통사 제약, 용언의 어근에 사동접미사가 결합되어야 하며 사동접미사는 자립성이 없어야 하고 조사를 매개로 하여 분리되지 않아야 한다는 형태 제약을 만족시켜야 한다고 하였다.

김윤신(2001)은 접미사 사동사의 어휘의미구조는 어근 동사의 어휘의미 구조와 관련이 있는 것으로 보아 한국어 동사 789개[37](형용사 240개, 자동사 204개, 타동사 335개)와 사동사의 관계를 살펴보았다. 그는 어근 동사를 자동사, 형용사, 타동사, 중립동사(자동사이면서 타동사인 동사)로 분류하였고 자동사와 타동사는 다시 동작동사, 달성동사, 완성

---

37) 파생어를 제외한 단일어근동사를 위주로 김흥규·강범모(1997), 고려대학교 말뭉치, 한글학회의 『우리말 큰사전』, 『연세사전』 등을 참조하여 선정하였다.

어근동사의 성격	어근동사의 개수	대당 접미사 사동사	비율(%)
형용사	240	15	6.12
자동사	204	86	42.15
타동사	335	47	14.02
중립동사	11	0	0.00
합계	789	148	18.75

동사로 하위분류하였다. 그 동사들은 다음과 같다.

1) 동작동사
   걷다, 구르다, 날다, 놀다, 울다, 웃다, …

2) 자동사인 달성동사
   굳다, 굶다, 굽다, 그을다, 기울다, 깨다, 끓다, 나타나다, 남다,
   녹다, 눕다, 늘다, 달다, 돌다, 드러나다, 뜨다, 마르다, 맞다,
   메다, 묵히다, 묻다(染), 부풀다, 불다, 붙다, 비다, 삭다, 살다,
   서다, 속다, 숨다, 식다, 썩다, 아물다, 앉다, 얼다, 올다, 옮다,
   익다, 자다, 절다, 죽다, 줄다, 타다(燒), 타다(乘), 트다, 튀다,
   피다, 흐르다, …

3) 타동사인 달성동사
   맡다, 벗다, 보다, 알다, 입다, 신다, 안다, 업다, …

4) 완성동사
   (실을) 감다, 깎다, (수레를) 끌다, 닦다, 들다, 뜯다, 먹다, (노래
   를) 부르다, (빨대를) 빨다, (빨래를) 빨다, 싣다, (글을) 쓰다,
   쓸다, 씻다, 읽다, …

그 중에서 자동사에서 파생된 사동사가 가장 많은 것으로 나타났으며
중립동사는 사동사로 파생되는 경우가 없음이 확인되었다. 한편 상태동사
나 달성동사로부터 파생된 사동사는 직접사동 행위만 나타내는 반면 동작
동사에서 파생된 경우에는 직접사동행위와 간접사동행위를 모두 나타낼
수 있다. 그리고 완성동사로부터 파생된 동사는 직접사동행위의 의미가
가능하지만 간접사동행위의 해석을 우세하게 나타낸다고 하였다. 한편
그는 사동사가 나타내는 사동행위의 직간접성의 정도 차이는 동사의 내부

의미구조를 고려하여 다음과 같이 표시할 수 있다고 하였다.

직접사동 행위   간접사동 행위

[상태동사·달성동사로부터 파생]   [동작동사로부터 파생]   [완성동사로부터 파생]   [통사적 구성]

　　김성주(2002)는 원형이론을 바탕으로 '-시키-' 구문의 유형과 특성을 살피고 일부의 '-시키-' 구문은 접미사 사동, 통사적 사동과 같은 한국어의 전형적인 사동문임을 주장하였다. 박소은(2012) 역시 원형이론에 기대어 장형 사동 구문의 의미 유형을 체계화하여 사동의 범위를 원인 사건과 결과 사건을 갖는 것으로 보았다. 따라서 사동주는 피사동주의 상태변화를 의도적으로 일으킬 수 있는 [+유정물]이며 피사동주는 행위를 하거나 상태 변화를 겪을 수 있는 [+유정물]과 상태 변화만 겪을 수 있는 [-유정물]을 모두 포함한다. 아울러 직접사동과 간접사동의 구분은 사동주가 피사동 사건 발생의 [+주체]인 것은 직접사동의 특성이며 사동주가 피사동 사건 발생의 [-주체]인 것은 간접사동의 특성이라고 하였다.

　　김성주(2005)는 고려시대의 字吐釋讀口訣과 點吐釋讀口訣을 대상으로 사동의 유형, 사동에 관련된 口訣字와 口訣點, 사동에 대한 주요한 논의들을 다루었는데 그는 사동의 표지의 유무에 따라 '보내다, 제외하다, 확대하다' 등을 비롯한 표지가 없는 어휘적 사동과 표지가 있는 접미사 사동, '-시키-' 사동, '-게 하다' 사동으로 분류하였고 전자를 유표지 사동문으로, 후자를 무표지 사동문이라고 지칭하였다.

　　이숙(2006)은 접미사 사동문 논항들의 통사적 지위를 규명하기 위해 접미사 사동문이 어떻게 형성되었는지 그 구조를 분석함으로써 접미사 사동문의 피사동주 명사구에 나타나는 격표지 현상을 설명하였는데 그에 따르면 간접목적어 성분으로 나타나는 피사동주가 여격대신 대격으로

대체되는 현상은 통사 구조의 변이가 아니라 담화상 의미에 의해 표지되는 수의적 규칙에 의한 것이다.

유승섭(2007)은 한국어의 접미사 사동문의 논항 형성에 대해 고찰하였는데 그는 사동 파생접미사가 사동의 의미를 갖는 것으로 보았고 사동접미사가 주동사와 결합할 때 주동사의 형태를 변화시킬 뿐만 아니라 사역의 의미를 주동사 자질에 삼투시켜 의미까지 변화시킨다고 하였다.

이지수(2008)은 접미사 사동과 통사적 사동의 의미 차이를 다루었다. 그는 기존의 연구들이 두 사동의 의미를 밝히는 과정에서 간과했던 것은 문장의 타동성, 즉 행위주가 대상에게 미치는 영향력이라고 하였다. 즉 접미사 사동과 통사적 사동의 차이는 사동주와 피사동주 사이의 역학관계 차이에서 비롯되는 것으로 접미사 사동은 높은 타동성을, 통사적 사동은 낮은 타동성을 갖고 두 가지 사동표현의 선택과 사용 측면에서 화자는 자신이 인지한 영향력의 크기에 따라 타동성이 크다고 느끼거나 판단했을 때 접미사 사동을 사용하고 그 반대로 적다고 느끼거나 판단했을 때 통사적 사동을 사용한다고 하였다.

이밖에 최해주(2007), 김명권(2009), 이동은 · 김윤신 · 김준규(2010)은 한국어교육 측면에서, 박민진(2004), 김소라(2009), 김소연(2011)은 국어교육 측면에서 사동을 논의하였다.

최해주(2007)은 한국어의 피동 · 사동에 대해 보다 심층적으로 논의하고자 하였다. 구체적으로 교재분석과 학습자의 오류 양상을 분석하여 기존 한국어 피동 · 사동 교육의 문제점을 파악하여 보다 효율적인 피동 · 사동 교육을 위한 교육방안을 모색해보고자 하였다. 연구자는 한국어 교육 현장에서는 문법 교육이 가장 중요한 것으로 외국인을 위한 한국어 교육 문법은 내용적인 측면이 아니라 접근법의 측면에서 다루어야 한다고 하였다. 오류 분석을 통해 학습자들은 각각의 동사에 피동 및 사동 접미사를 상당부분 알고 있다는 사실을 발견하였다. 이에 연구자는 피동사와 사동사가 사전에 표제어로 등재된 것처럼 하나의 어휘로써 받아들여져 암기와 연습을 통해 얻어진 결과로 보았다. 따라서 연구자는 피 · 사동의 범주를 형태적 피 · 사동(피동 접미사: '－이－, －히－, －리－, －기－', 사동 접미사: '－이－, －히－, －리－, －기－, －우－, －추－'), 통사적 피 · 사동(피동: '－아/어－ 지다', 사동: '－게 하다'), 어휘적 피 · 사동(피동: '되다, 받다, 당하다', 사동: '－구－, －애－, －시－, －으키/이키－, 뜨리/트리－' 류)으로 한정하였다. 특징적인 것은 사동 접미사를 기존의 연구들과 달리 생산성이 낮은 것을 어휘적 피 · 사동에 포함시켰고 통사적 피동에서 '－게 되다'를 제외시켰다는 것이다. 이 연구는 연구 목적이라고 밝힌 교육방안을 제시하지 않은 점, 피 · 사동의 범주를 지나치게 좁힌 점에서 한계를 보인다고 하겠다. 현재 한국어를 외국어로 배우는 학습자의 학습 목표가 극히 다양한데 많은 연구에 따르면 학문 목적 학습자가 증가하는 추세를 보이고 있다. 따라서 한국어교육을 위한 문법이더라도 체계적으로 정확하게 가르칠 것을 요구한다.

김명권(2009)는 사동이 외국어로서의 한국어교육에서 학습자들이 가장 어려워하는 문법 항목 중의 하나인 사실을 인식하고 사동 교수방안을 제시하는 것을 주목적으로 하였다. 연구에서는 기존의 국어 및 한국어교육 분야의 연구를 바탕으로 한국 내 11개 기관에서 발행된 교재를 분석하여 교재에 나타난 사동의 교수법 및 사동사의 빈도수를 고찰하여 단계별 어휘를 제시하고 규칙화해 보고 그 교육방안을 제시하고자 하였다. 이 연구는 접미사 사동에 한해서 다루었다는 점, 자동사는 접미사 사동의 적용이 불가능하다고 한 점, 움직임을 가할 수 있는 형용사에 한해서 접미사 사동의 적용이 가능하다고 한 점 등을 비롯한 여러 측면에서 한계를 보인다.

이동은 · 김윤신 · 이준규(2010)은 한국어 학습자들의 사동 구사력 실험과 자료 분석을 통해 한국어 사동 교육을 위한 기반을 구축하고자 하였다. 이 연구는 보다 체계적인 교육방안의 적용 가능성을 마련하는 연구의 일환으로서 한국어 학습자와 한국어 모어 화자가 사동 구사력에서 얼마나 차이를 보는가, 제1언어가 교착어인 몽골인 한국어 학습자가 제1언어가 고립어인 중국인 한국어 학습자보다 더 나은 사동 구사력을 보이는가의 두 문제를 갖고 연구를 전개하였다. 따라서 실험 대상은 한국어 모어 화자, 중국인 중급 학습자, 몽골인 중급 학습자의 세 집단으로 구성되었다. 실험 도구는 2003년에 국립국어원에서 반포한 『한국어 학습용 어휘 목록』 중에서 1단계인 A항목의 어휘를 참조하여 선정한 형용사, 자동사, 타동사를 어근으로 하는 사동사가 포함되어 있는 문장들의 문법성을 실험지에 판단하였다. 판별 분석 결과 한국어 모어 화자 집단과 두 한국어 학습자 집단 간의 사동 구사력은 타동사를 기반으로 한 사동에서는 유의미한 차이가 없었고 형용사와 자동사를 기반으로 한 사동에서는 유의미한 차이가 있었다. 몽골어와 중국어 학습자 집단의 비교에서는 몽골어 화자 집단이 중국어 집단보다 더 나은 사동 구사력을 일부 사동사군에서 보였다. 이 사실은 중국인 한국어 학습자가 사동 학습과 습득에서 모국어의 영향을 많이 받고 있다는 중요한 근거가 될 수 있으므로 이 연구 결과는 본 연구의 의미를 부각시킨다.

박민진(2004)는 한국어 모어 화자의 국어 교육을 위한 연구이다. 연구자는 국어에는 능동적인 행위자 중심의 표현이 주로 쓰이므로 상대적으로 피동이나 사동 표현을 자주 사용하지 않으므로 오용의 사례가 많고 더구나 최근 영어의 영향으로 피동이나 사동 표현을 남용하는 경우도 많은데 이러한 문제를 해결하기 위해서 피·사동 표현이 충분히 교육되어야 한다는 관점에서 출발하여 피·사동 표현의 효과적인 교육을 위해 실제 생활과 관련되는 학습 내용을 선정하고 그에 따른 지도 방안을 제시하고자 하였다. 연구자는 구체적으로 국어 교사와 학생들을 대상으로 피·사동 표현의 교수-학습 실태에 관한 설문 조사를 실시하였는데 설문조사를 통해 학생들이 원하는 수업 방식과 실제 교사들이 실시하고 있는 수업 방식이 괴리되어 있었고 학생들이 수업에 흥미를 느끼지 못하고 있었으며 사동과 피동을 지나치게 어려워하였고 학교에서의 문법 교육이 실생활과 거리가 있음을 알 수 있었다. 따라서 연구자는 설문조사를 토대로 교수-학습의 문제점을 밝히고 개선 방안을 모색하여 교육 지도안을 제시하였다. 비록 한국어 모어 화자를 위한 연구이지만 외국어로서의 한국어교육에서 발견되는 문제점을 효과적으로 해결하는 데에 도움이 될 것으로 보인다.

김소라(2009)는 담화나 글들을 대상으로 피동·사동 표현이 갖는 의미와 효과를 중심으로 피동·사동 표현의 학습 내용 선정과 지도 방안을 제안하고자 하였다. 이 연구는 한국어 모어 화자의 국어 교육을 위한 연구이다. 연구는 '문법' 영역의 교수·학습이 학습자의 능동적 학습을 위해 해석의 가능성을 열어두고 문법의 고정성을 극복해야 한다는 관점에서 출발하였다. 즉 실제 언어 현상에서 문법적 규칙을 모르기 때문에 겪는 소통의 어려움은 없는 것으로 문제가 되는 것은 일상적인 언어생활과 달리 각종 매체와 문학에서는 의도적으로 피동·사동 표현을 사용함으로써 언어적 효과를 노리기도 한다는 것이다. 따라서 피동·사동 표현의 오류들 속에서 비판적으로 접근하여 분별 있는 수용과 생산을 할 수 있도록 교육내용을 선정하였다. 즉 피동 표현의 의도적인 오류가 상황에 따라 효과적인 표현 방법이 될 수 있다는 새로운 해석의 가능성을 교육내용으로 선정하였다는 것이다.

김소연(2011)도 한국어 모어 화자를 위한 연구이다. 연구자는 피·사동에 대해서 국어 교과서에서는 피동, 사동의 기본적인 개념들은 공통적으로 다루고 있으나 피동, 사동 표현에 드러나 있는 화자의 심리적 태도를 자세히 알 수 없는 경우가 많으므로 화자가 어디에 초점을 두느냐에 따라 주동이나 사동, 능동이나 피동을 사용할 수 있다는 사실을 알고 화자의 의도를 파악하는 연습이 필요하다고 하였다.

한국어 사동문 연구는 최현배(1937)에서 상세하게 논의된 데 이어 접미사 사동과 통사적 사동의 차이점에 대한 논의가 많이 이루었다. 90년대 후반까지 주로 접미사 사동과 통사적 사동의 차이점, 양자의 구문적 특징(단문과 복문 여부)에 대한 연구가 주를 이루다가 그 후 점차 '-시키-' 구문의 유형과 특성을 살피기 시작하였다. 최근에는 한국어교육 측면에서 사동문을 다룬 연구들이 많은 편이다.

한국어에서는 앞에서 살펴보았듯이 사동문의 범주가 뚜렷하고 그 유형 역시 많아서 네 가지에 불과하다. 이에 반해, 현대중국어는 고립어로 형태의 변화가 없기 때문에 어미와 조사를 통해 문법관계를 형성할 수 없고, 어순의 변화나 논항의 교체를 통해 그 문법관계가 형성되는데 그러한 이유로 사동의 범주를 뚜렷하게 자각하기 어렵다. 이때, 해당 문법 범주가 확실하게 정립되어 있는 언어와의 비교는 이들을 인식하거나 판정함에 있어 효과적인, 혹은 거의 유일한 수단이 될 수 있다.

1.2.3. 중·한 사동문 대조 연구

위에서 살펴본 바와 같이 지금까지 중국어와 한국어의 사동문 연구는 다양한 분야에서 자세히 다루어졌다. 여기에서는 중·한 사동문 대조 연구를 검토해보도록 하겠다.

金海月(2007)은 언어유형론적, 대조언어학적 관점에서 한·중 사동을 분석하여 한·중 사동의 범주에 있어서의 공통점과 개별적 특징을 제시하였고 사동문의 내적 기제를 분석함으로써 중국어 사동의 특징을 한국어의 사동에 대한 분석을 바탕으로 논의하였다.

최길림(2007)은 '使' 자 구문과 한국어 사동문의 대응 관계를 고찰하였으나 자세한 결과를 제시하지는 못하였다. 그 이유는 한·중 양어가 어휘 의미의 표현에 있어서 차이를 보이기 때문이라고 하였다. 한편 언어 유형학적으로 많이 다른 한국어와 중국어 사동문의 대응 관계를 제한된 예문을 통해 고찰하였다는 사실은 연구의 한계점으로 보인다.

한봉(2010)은 한·중 양어 사동을 형태, 통사, 의미의 세 가지 측면에서 대조하여 이를 바탕으로 중국어권 학습자를 위한 한국어 사동 표현의 교수방안과 수업모형을 제시하고자 하였는데 보다 구체적인 수업모형을 제시하였다면 중국인 한국어 학습자에게 보다 의미가 있는 자료가 될 수 있을 것으로 보인다.

김봉민(2012)는 한·중 양어 사동사를 결합가 이론을 바탕으로 대조하여 그 공통점과 차이점을 밝히고자 하였다. 이 연구에서는 '-게 하-'의 '하다'를 독립 동사로 여겨 문장 '철수가 영희가 밥을 먹게 하였다'에는 피사동주가 존재하지 않는 것으로 본 것은 타당하지 않은 것 같다.

노금송(2014)는 한중 사동문 구조와 의미 유형을 기술하면서 그들의 특성을 살펴보았다.

이문화(2015)는 한중 병렬말뭉치(유사한 규모의 신문과 드라마 병렬말뭉치로 이루어진 170만 어절 규모의 병렬말뭉치에서 한국어 사동표현 용례 8,191개, 중국어 사동표현 용례 7,188개를 추출하였음)에 기반하여 한중, 중한 양 방향으로 양 언어 사동표현의 대응 양상을 살펴보았다. 연구에 따르면 양 언어 사동표현의 대응 관계는 다양하게 나타났는데, 대체로 사동문, 피동문, 언어공백현상 등의 세 가지 유형으로 확인되었다. 1:1의 대응 관계가 성립하는 경우는 드물었으며 그 중에서도 언어공백현상이 가장 많았다. 이 연구는 한중 양 언어의 사동문을 좀더 포괄적으로 다루지 못하였다는 아쉬움을 남기고 있으나, 실제 언어 사용 양상을 통해 대응 관계를 분석하였다는 점에서 외국어로서의 한국어 교육에 중요한 현실적 의미가 있다고 하겠다.

왕녕박(2017)은 생성문법의 입장에서 한국어와 중국어의 사동과 피동

구문의 구조적 특징을 고찰하였다. 이 연구에서는 한국어의 사동문을 접미사 사동문과 통사적 사동문으로, 중국어의 사동문을 '弄, 整' 등과 '使, 讓' 등에 의해 실현되는 유표지 사동문과 '滅, 浸' 등과 '提+高, 擴充' 등에 의해 실현되는 무표지 사동문으로 분류하였다.

  지금까지 살펴보았듯이, 중국어를 출발 언어로 한 중·한 사동문 대조 연구는 그리 많지 않다. 또한 위에서 살펴본 연구들은 사동문의 범위를 한정함에 있어서 명확한 기준을 설정한 것이 아니라, 앞선 연구들의 관점을 그대로 받아들였다. 본고는 기존의 연구들에서 언급해 왔던 모든 사동문을 일일이 분석하고 본 연구에서 설정한 사동문의 기준을 만족시키는 것에 한해 연구 범위에 포함시킬 것이다.

제**2**장

중국어 사동문의 분석

제2장 중국어 사동문의 분석

2.1. 사동문의 유형

　지금까지 중국어 문법에서 거론된 사동문의 유형으로는 '使' 자 구문, '使動' 구문, '把' 자 구문, '動結式' 구문, '使令' 구문(兼語 구문[1]), 도치 사동 구문 등이 있다. 그러나 이 중에는 사동의 통사적 특징이나 의미적 특징만을 띠고 있어 전형적인 사동문으로 간주되기 어려운 것들이 있다. 본 연구에서는 기존에 거론된 사동의 유형에 대해 분석한 후 본 연구에서 대상으로 삼을 중국어의 사동문을 확정할 것이다.

　우선 다음 (1나)[2]가 전형적인 사동문으로 간주될 수 있는지 보자.

(1)　　가. 客坐。
　　　　　　손님이 앉는다.
　　　　나. 主人讓客坐。
　　　　　　주인은 손님을 앉게 한다.

　예문 (1나)는 '使' 자 구문[3]으로 독립적으로 쓰여 구체적인 의미를

---

1) 兼語句 구문에 대한 자세한 설명은 본 장의 〈2.1.〉을 참고할 것.
2) 본 연구에 사용된 예문들은 대부분이 21세기 세종계획에서 구축한 말뭉치와 北京大學 中國語言學研究中心(CCL)에서 구축한 말뭉치에서 추출한 것이고 『표준국어대사전』, 중국어와 한국어의 문법서의 예문들도 많이 참조하였다. 그리고 극히 일부는 필자가 상황에 맞게 만든 것이다. 논의의 편의를 위해서 문법서에서 가져온 예문에 한해서만 출처를 밝히기로 한다.
3) 沈陽 외(2001)에서는 '使動' 구문, 牛順心(2004)에서는 '致動式', 範曉(2000)와 郭姝 慧(2004)에서는 '使' 자 구문이라고 다양하게 지칭하였는데 '致動式'은 고대중국어의 동사나 형용사에 의한 사동법의 명칭과 동일하므로 적절하지 않다. '使動' 구문은 본 연구의 '사동'이라는 용어와 혼동하기 쉽다. 따라서 본 연구에서는 範曉(2000)와 郭姝 慧(2004)의 명칭을 따른다.

나타낼 수 없는 '讓'에 의해 사동의 의미를 나타내고 있다. 즉 특정한 문법 형식을 통해서 사동 사건을 표현한다. (1나)에서 '讓'이라는 동작의 주체는 '主人'이고 '坐'라는 동작의 주체는 '客'이며 '客'은 '主人'이 앉게 하는 것이다. (1나)는 (1가)를 주동문으로 설정할 수 있고 (1나)는 주동문 (1가)에 비해 논항이 1개 많다. 따라서 (1나)는 사동문의 통사적 조건과 의미적 조건을 모두 만족시킨다. 즉 (1나)는 전형적인 사동문으로 간주될 수 있다.

이어 다음 (2)[4]가 사동문으로 간주될 수 있는지 보자.

(2) 가. 元朝的統治結束了。
   원나라의 통치가 끝났다.
  나. 朱元璋結束了元朝的統治。
   주원장은 원나라의 통치를 끝냈다.

(黎錦熙(1924:25))

(2나)는 '使動' 구문[5]이다. '使動' 구문은 줄곧 학계의 관심을 받아 왔던 것으로 그 수가 상당히 많다. (2나)는 동사 '結束'에 의해 사동의 의미를 나타내고 있다. 여기에서 '結束'은 양용동사인데 타동사로 사용되는 경우 사동의 의미를 갖게 된다. (2나)는 '讓'과 같은 특정한 문법 형식을 통해서 사동 사건을 표현하는 문장이 아니고 또한 주동문에서 사동문으로 바뀌는 과정에서 어휘의 형태적 변화도 수반되지 않는다. 따라서 (2나)는 사동문의 통사적 조건을 만족시키지 않는다. 그러나 (2나)는 '朱元璋結束了元朝的統治'와 '元朝的統治結束了'의 두 개의 사건을 포함하고 있으며

---

4) 呂叔湘(1942)에 제시되어 있는 용례를 논의의 편의를 위해 짧게 줄인 것이다.
5) 範曉(2000)에서는 '使動' 구문, 沈陽 외(2001)에서는 어휘에 의한 사동문, 陳昌來(2001)에서는 '使令' 구문으로 명명하였는데 '使動' 구문은 본 연구의 '사동'이라는 용어와 혼동하기 쉬우므로 본 연구에서는 沈陽 외(2001)의 명칭을 따르기로 한다.

이 두 사건은 하나의 사동 상황으로 볼 수 있다. 한편 이러한 문장은 어휘 자체에 사동의 의미를 갖고 있는 단어에 의해 실현되는 사동법으로 Comrie가 말하는 어휘적 사동문에 해당한다.

중국어에는 예문 (2나)와 유사한 사동 유형이 하나 더 있다. 다음 (3나)가 그것이다.

(3)　가. 枕巾濕了。
　　　　베개 수건이 젖었다.
　　　나. 淚水濕了她的枕巾。
　　　　눈물은 그녀의 베개 수건을 적셨다.

예문 (3)에서 '濕'는 경우에 따라 형용사와 동사의 두 가지 품사로 사용되는데 (3가)에서는 형용사의 성격을 갖고 있고 (3나)에서는 동사의 성격을 갖고 있다. 이 부류의 어휘는 동사로 사용될 때 사동의 의미를 나타낸다. (3나)는 (2나)와 함께 어휘적 사동법에 속한다.

李臨定(1986:136~144)은 다음 (4)와 같은 문장을 사동문으로 보았다.

(4)　가. 你生氣了?
　　　　화 났니?
　　　나. 我氣你了嗎?
　　　　내가 너를 화나게 했니?

예문 (4나)의 '氣'는 어휘 자체에 사동의 의미를 갖고 있는 동사이다. 이는 앞에서 논의한 예문 (2나)의 경우와 매우 유사하다. 그러나 (2)에서는 한 개의 동사가 자동사로 쓰이기도 하고 타동사로 쓰이기도 하는데 (4)에서는 주동사와 사동사가 형태적으로 다르다. (4나)는 (3나), (2나)와 함께 모두 어휘적 사동법이다.

계속해서 다음 (5)와 같은 문장이 사동문으로 간주될 수 있는지 보자.

(5) 가. 你過兩天再去。
     이틀 후에 다시 가거라.
   나. 勸你過兩天再去。
     이틀 후에 다시 갈 것을 (내가 너에게) 권한다.

(呂叔湘(1942:93))

예문 (5나)는 範曉(2000) 등에서 다룬 '使令' 구문이다. (5나)의 동사 '勸'은 한국어의 '권하다'에 해당하는데 孟琮(1999:306)에 따르면 '勸'은 '도리로 남을 설득하여 듣게 하는 것6)'이다. 이렇게 볼 때 '勸'은 항상 독립적으로 쓰여 구체적인 의미를 나타낼 수 있는 동사이다. 李臨定 (1986:144)은 전술한 예문 (1나)의 '讓'처럼 독립적으로 쓰여 구체적인 뜻을 나타내지 못하는 동사에 의한 사동을 '單純使令義形式(단순사령형 식)', (5나)의 '勸'처럼 구체적인 뜻을 나타내는 동사에 의한 사동을 '多義 使令義形式(다의사령형식)'이라 지칭하였다. 중국어 문법에서는 일반적 으로 李臨定(1986)의 두 유형을 모두 사동으로 취급한다. 그러나 '勸'과 같은 동사는 '시킴'이 아닌 다른 뜻을 갖고 있다. 또한 사동사로 전환하는 과정에서 어휘의 형태적 변화도 수반되지 않는다. 따라서 이러한 사동사 는 사동문의 통사적 조건을 만족시키지 않는다. 그러나 예문 (5나)는 '我勸你'와 '你去'의 두 개의 사건을 포함하고 있으며 이 두 사건은 하나의 사동 상황을 표현한다. 따라서 예문 (5나)는 전형적인 사동문으로 간주될 수는 없으나 사동문의 의미적 조건을 만족시킨다.
　다음 (6)은 '動結式' 구문7)이다.

---

6) 원문: "拿道理說服人, 使人聽從."
7) 範曉(2000), 宛新政(2005)는 '使成' 구문이라고 명명하였는데 이는 王力(1954)의 '使 成式'과 혼동하기 쉽다. 王力(1954)에 따르면 술어와 보어사이에 원인과 결과의 관계가

(6) 가. 老虎死了。

　　　호랑이가 죽었다.

　　나. 武松打死(보어)了老虎。

　　　무송이 호랑이를 때려 죽였다.

　중국어에는 동사나 형용사가 보어8)를 갖게 되면 動補結構(동보구조)의 특수한 형태를 구성한다. 動補結構의 분류에 있어서 다양한 견해가 있다.

　조사 '得'9)의 유무에 따라 크게 보어가 서술어에 직접 붙는 경우의 '粘合式(점합식)'과 서술어와 보어가 '得'에 의해 이어진 형태인 '組合式(조합식)'으로 분류하는 견해가 있는데 이러한 연구로는 朱德熙(1982) 등이 있다. 한편 陸儉明(1990)은 보어를 의미에 따라 結果補語를 갖는 動補結構, 趨向補語를 갖는 動補結構, 程度補語를 갖는 動補結構(서술어와 보어가 직접 결합된 형태, 서술어와 보어가 '得'에 의해 이어진 형태를 모두 포함), 可能補語를 갖는 動補結構, 狀態補語를 갖는 動補結構, 서술어와 보어가 '個(개)'에 의해 이어진 動補結構, 개사10) 구조로 이루어진

성립하면 모두 使成式(causative form)으로 간주될 수 있다. 그러나 본 연구에서 논의하고자 하는 사동 유형은 동사가 결과보어를 갖는 경우를 가리키는 것이므로 "動結式 구문'이라는 용어를 사용한다.

8) 현대중국어에서는 이러한 성분을 '보어(補語, complement)'라고 하는데 이는 일반언어학에서 말하는 '보어'의 개념과는 차이가 있다. 일반언어학에서는 서술어가 요구하는 문장 구성의 필수적 성분(주어는 제외됨)을 '보어'라고 하며 문장 구성의 필수적 성분이 아닌 '부가어'와 구별한다. 이 보어는 한국어문법에서의 '목적어', '필수적 부사어', 보어 '에 해당한다. 한국어문법에서는 서술어 '되다', '아니다' 앞에 '이/가'가 붙은 채 나타나는 문장 성분이 '보어'이다. 『現代漢語詞典』에 따르면 중국어문법에서의 '보어'란 동사나 형용사 뒤에 오는 보충 성분으로서 '怎麼樣(어떠한가)'라는 질문에 대응하는 성분이다. 중국어에서 '보어'는 서술어가 유발한 결과를 나타내는데 형용사와 동사가 흔히 '보어'가 된다. 예를 들어, '打倒'에서 '倒(실패하다)'는 '打(공격하다)'의 '보어'이다.

9) 『現代漢語詞典』에 따르면 조사 '得'은 동사 뒤에 또는 동사와 보어 사이에 놓여 '가능'을 나타내기도 하고 동사 뒤에 놓여 동작의 완료를 나타내기도 하며 동사나 형용사 뒤에 놓여 結果補語나 程度補語를 연결해주는 역할을 하기도 한다. 한편 의미와 기능에 따라 '得'은 다양한 부정의 형태를 갖는데 이에 대해서는 본 연구와 크게 관련이 없으므로 다루지 않겠다.

보어를 갖는 動補結構, 수량사로 이루어진 보어를 갖는 動補結構의 9개 유형으로 분류하였다.

그 중에서 結果補語를 갖는 動補結構를 일반적으로 '動結式'이라고 지칭하는데 그러한 구조에 의해 구성된 사동문이 바로 '動結式' 구문이다. (6나)에서 확인할 수 있듯이 '打'의 주체는 '他'이고 '死'의 주체는 '小狗'로 (6나)는 '他打了小狗'와 '小狗死了'의 두 개의 사건을 포함하고 있으며 이 두 사건은 하나의 사동 상황을 표현한다. 따라서 예문 (6나)는 사동문의 의미적 조건을 만족시킨다. 그러나 통사적 특징에는 부합하지 않으므로 (6나)는 전형적인 사동문으로 간주될 수 없다.

중국인 학습자를 위한 한국어 결과구문 교육의 방향을 제시하는 것에 목적을 둔 심지영(2016)은 결과범주가 발달되어 있는 중국어와 대조하여 한국어의 '결과' 의미범주를 체계적으로 다루었다. 한중 결과 표현 대응양상을 고찰하기 위해 중국어 원문 텍스트(莫言의 〈紅高梁〉과 심혜영 작가의 한국어 번역본)를 통하여 추출한 '動結式' 구성은 총 1808개(각종 보어를 포함하되 수량보어는 제외)였는데 사동사, 피동사와 대응하는 경우는 40여 개, 그 중에 사동사와 대응하는 경우는 10여 개밖에 관찰되지 않았다. 이는 '動結式'은 사동의 범주가 아닌, '결과'의 의미 범주에 포함시켜 다루는 것이 타당하다는 사실을 뒷받침해준다고 하겠다.

한편 심지영(2016)에 따르면 중국어의 '動結式'에 대한 한국어 번역문에서 결과구문이 아닌 인지·감각 동사, 자세동사, 열림과 개방을 나타내는 동사로 대응되는 경향을 보였으며, 자연스러운 한국어 표현을 위하여 '動結式' 중 결과부(結果部)인 '보어'만을 번역하는 경우와 접속절로 표시하는 경우가 상당수 관찰되었다.

範曉(1996:456)은 (7)과 같은 문장도 사동문으로 보았다.

---

10) 『現代漢語詞典』에 따르면 개사는 명사, 대명사 또는 명사구의 앞에 쓰여 방향이나 대상을 나타낸다(원문: "用在名詞,代詞或名詞性詞組的前面, 合起來表示方向,對象等的詞.").

(7)　가.　他哭了。

그가 울었다.

나.　我打<u>得他哭了</u>。

내가 그를 때려서 그가 울었다.

(7나)는 '得' 자 구문이다. 예문 (7나)는 '我打了', '他哭了'의 두 개의 사동사건을 포함하고 이 두 사건은 하나의 사동 상황을 표현하므로 (7나)는 사동문의 의미적 조건을 만족시킨다. 그러나 사동문의 통사적 조건에는 부합하지 않는다. 따라서 예문 (7나)는 전형적인 사동문으로 간주될 수 없다. 이러한 문장에서 조사[11] '得'은 서술어와 보어(밑줄 친 부분이 보어임)를 연결해주는 역할을 하는데 사동의 의미를 갖는 '得' 자 구문은 그 수가 한정되어 있는 것으로 '得' 자 뒤에 '주어-서술어' 구성이 이어지는 경우에 한해서 사동의 의미를 나타낸다.

이어 '把'[12] 자 구문을 보자.

(8)[13]　가.　他笑了。

그는 웃었다.

나.　我把她逗笑了。

나는 그를 웃게 만들었다.

'把' 자 구문은 '處置'의 의미를 나타내는 것이 일반적이고 그 중에 일부만이 '사동'의 의미를 나타낸다.[14] 朱德熙(1999:210)에 따르면 '把'

---

11) 『現代漢語詞典』에 따르면 조사는 독립성이 가장 약하고 의미가 가장 실질적이지 못한 허사로서 중국어에는 구조조사 '的, 地, 得, 所', 시제를 표현하는 동태조사 '了, 著, 過', 문미에 붙는 어기조사 '呢, 嗎, 吧, 啊'가 있다.

12) '把'는 '…을/를 (가지고), …으로'의 의미를 표현하는 개사이다.

13) 呂叔湘(1942:95)의 예문을 조금 고친 것이다.

14) '把' 자 구문의 '使動說'을 지지하는 연구로는 薛鳳生(1987), 張伯江(2000), 胡文澤(2005), 施春宏(2010), 葉向陽(2004) 등이 있다.

는 '동작의 지배를 받는 사람이나 사물을 이끌어내는[15]' 뜻을 갖는다. 즉 '把'에 의해 동작의 지배를 받는 사람이나 사물이 등장하게 되고 따라서 이러한 결과를 가져오게 한 주체가 등장하게 된다. 그러나 이러한 경우의 '把'는 예문 (8나)에서처럼 반드시 예문 (6나), (7나)의 動補結構를 수반한다. 따라서 (8나)는 사동문의 의미적 조건을 만족시킨다. 그러나 (8나)는 '讓'과 같은 특정 문법 형식을 통해 사동의 의미를 표현하는 문장이 아니고 또한 주동문에서 사동문으로 바뀌는 과정에서 어휘의 형태적 변화도 수반되지 않으므로 사동문의 통사적 조건을 만족시키지 않는다. 따라서 예문 (8나)는 전형적인 사동문으로 간주될 수 없다.

이밖에 顧陽(2001), 郭姝慧(2004) 등은 도치 사동 구문을 중국어 사동의 한 유형에 포함시켜 다루었는데 과연 전형적인 사동문으로 볼 수 있는지 검토해보도록 하겠다.

> (9)[16] 가. 這本書我看了一個禮拜。
> 　　　　 이 책을 나는 일주일 읽었다.
> 　　 나. 這本書看了我一個禮拜。
> 　　　　 이 책이 나를 일주일씩이나 읽게 했다.
> 　　 다. 這本書讓我看了一個禮拜。
> 　　　　 이 책이 나를 일주일씩이나 읽게 했다.

(9나)는 '讓' 자 구문의 변이형태로서 (9다)로 바꿔 쓸 수도 있다. 따라서 (9나)는 사동문의 통사적 조건을 만족시킨다. 또한 (9나)는 두 개의 사건을 포함하므로 사동문의 의미적 조건에 부합한다. (9나)와 같은 문장은 시간이나 수량을 최대화하려는 목적으로 많이 사용하는데 이들은 기본적으로 '使' 자 사동문에서 유래하였다. 시간이나 수량을 최대화하기

---

15) 원문: "引出受事."
16) 논의의 편의를 위해 郭姝慧(2004)의 예문 (9나)를 직접 인용하였다.

위한 목적으로 도치(倒置)의 기법을 사용한 것이다. 즉 (9나)에서는 '一個禮拜'(시간)을 최대화하고자 한 것이다.

이밖에 중국어에는 (10나)의 '空'처럼 성조의 변화에 의해 사동의 의미를 갖는 단어가 있다.

(10)　가. 房間空了。
　　　　방이 비었다.
　　나. 我空了一個房間。
　　　　나는 방을 하나 비웠다.

(10)에서 확인할 수 있듯이 '空'은 성조에 따라 '비다'와 '비우다'의 두 가지 의미를 나타낸다. (10가)의 '空'은 1성인 경우로 '비다'의 의미를 갖고 (10나)의 '空'은 4성인 경우 '비우다' 즉 사동의 의미를 갖는다. (10나)에 대해서 (10가)가 대응하고 (10나)는 (10가)에 비해서 논항이 1개 많다. 따라서 (10나)는 사동문의 의미적 조건을 만족시킨다.

'空'이 주동사로 쓰일 때와 사동사로 쓰일 때 형태가 같다는 측면에서 앞에서 논의한 '結束'과 유사하지만 '空'은 성조의 차이에 의해서 뜻을 구별하고 앞에서 논의한 '結束'은 성조는 같지만 문맥에 따라서 사동사로도 쓰이고 주동사로도 쓰인다. 김은주(2018)은 이러한 성조의 교체는 고대중국어에서 나타나는 형태적 특성에 기인한 것으로 어휘의 범주라기보다는 형태적 사동에 가깝다고 하였다. 한편 牛順心(2008)에 따르면 '空'과 같은 사동법은 고대중국어에서 사용하던 형태가 그대로 남아있는 것으로 현대중국어에서는 개별적인 단어에만 한해서 존재한다고 하였다. 따라서 본 연구에서는 연구의 대상으로 삼지 않기로 한다.

본 연구에서는 예문 (1나), (9나)와 같은 전형적인 사동문 외에 중국어에서 상당히 많은 비중을 차지하고 있는 어휘적 사동문을 연구 대상으로 삼고자 한다. 따라서 본 연구의 연구 대상은 예문 (1나), (2나), (3나), (4나), (9나)와 같은 문장이다.

2.2. 중국어 사동문의 특징

2.2.1. '使'자 사동문

본 장의 〈2.1. 사동문의 유형〉에서 논의한 바와 같이 기존의 연구에서는 (11나)와 같은 문장을 '使' 자 구문이라고 지칭하였다. 이러한 사동문은 '使'와 같은 동사를 서술어로 하고 다음과 같은 과정을 거쳐 생성된다.

(11)　가.　他們要多吃幾個餃子。

　　　　　그들은 물만두를 몇 개 더 먹으려고 한다.

　　　나.　這些使他們要多吃幾個餃子。

　　　　　이런 것들은 그들로 하여금 물만두를 몇 개 더 먹으려고 하게 만든다.

사동문 (11나)는 (11가)의 주동문에 사동의 의미를 나타내는 서술어 '使'와 전체 문장의 주어 '這些'가 추가되어 생성되었다. 주동사가 자동사 또는 형용사인 경우도 마찬가지이다. 다음 (12), (13)을 보자.

(12)　가.　他哭了。

　　　　　그는 운다.

　　　나.　我使他哭了。

　　　　　나는 그를 울게 하였다/울렸다.

(13)　가.　我開心。

　　　　　나는 기쁘다.

　　　나.　這件事使我開心。

　　　　　이 일은 나를 기쁘게 한다.

사동문 (12나)는 주동문에 사동의 의미를 나타내는 서술어 '使'와 전체 문장의 주어 '我'가 추가되어 생성되었고 (13나)는 주동문에 사동의 의미를 나타내는 서술어 '使'와 전체 문장의 주어 '這件事'가 추가되어 생성되었다.

여기에서 '使'는 사동의 의미를 갖고 있으나 독립적으로 쓰여 그러한 의미를 나타낼 수 없다. 다시 말하자면 (12나), (13나)에서 '使' 뒤의 성분을 모두 생략하면 비문이 된다. 즉 (12나), (13나)의 '使'는 각각 '他哭', '我開心'을 떠나서 사동의 의미를 나타낼 수 없다. '使' 유형 동사에는 '使' 외에 '令(령), 叫(구), 讓(양)' 등이 있는데 그 중에서 '使'가 가장 대표적이다. 따라서 본 연구에서는 이 부류의 사동문을 '使' 자 사동문이라고 지칭하도록 하겠다.

'使' 자 사동문은 문장 안에 두 개의 동사가 독립적으로 존재하므로 혹자는 '使' 자 사동문을 兼語句로 보기도 한다. 趙元任(1952)에서 '賓語兼主語(목적인 동시에 주어)'라는 해석이 있은 후 兼語句라는 명칭이 정식으로 나오게 되었다.[17] 즉 兼語句라는 명칭은 문장 중에 목적어인 동시에 주어라는 성분이 있어서 얻어진 이름이다. 史存直(1954)는 단문에 서술어가 두 개 있을 수 없다는 이유로 兼語句의 설정을 반대하였다.[18] 邢欣(2004:13)는 중국어는 형태적 변화가 없고 격에 따른 표지도 없으며 주어가 자주 생략되는 특징이 있기 때문에 N2[19]의 성격을 명확하게 해석하기가 굉장히 어렵다고 하였다. 李臨定(1986)은 兼語句의 N2는 V1의 목적어이지만 V2의 주어는 아니라 하였다. 그는 다음과 같은 방법을 통해서 N2는 V2의 주어가 아니라는 것을 증명하고자 하였다.

(14) 我使谁哭了?
      내가 누구를 울렸는가?

---

17) 邢欣(2004:8)을 참조
18) 邢欣(2004:8)을 참조.
19) 논의의 편의를 위해 兼語句의 통사구조를 [N1+V1+N2+V2]로 표기한다.

① 我使他哭了。
　　내가 그를 울렸다.
② 我使他。
　　내가 그를.
③ 他。
　　그를.
④ 他哭了。
　　그가 울었다.

　(14)는 (12나)의 '他'에 대한 질문이다. (12나)에서 '他'가 주어라면 질문
(14)의 대답으로 무엇보다 ④가 성립해야 하겠으나 ①, ②, ③은 가능한 데
반해 ④는 불가능하다. 이러한 이유로 李臨定(1986)은 (12나)의 '他'를 주어가
아닌 V2의 동작의 주체로 보았다. 즉 李臨定(1986)은 兼語句를 내포문을
갖는 문장으로 간주하지 않았다. 그러나 목적어와 동작의 주체는 동일한 차원
의 개념이 아니므로 N2를 V1의 목적어이고 V2의 동작의 주체라고 하는 것은
적절하지 않다. 이에 반해 呂冀平(1953)은 [N2+V2]를 V1의 목적어로 보아야
한다고 하였다. 즉 兼語句를 완벽한 내포문을 갖는 문장으로 간주하였다.
　선행 연구들을 살펴보면 한국어에서는 통사적 사동문이 내포문을 갖는
문장임을 확인하기 위해 부정의 범위, 부사의 수식 범위, 시제 표현 등
통사적 현상을 분석하였는데 이를 중국어에 적용시켜 '使' 자 사동문이
내포문을 가질 수 있는지 확인해보도록 하겠다. 다음 (15)는 (13나)에
부정사 '不'을 추가한 것이고 (16)은 (13나)에 부사 '很'을 추가한 것이며
(17)은 (13나)에 시제 표현 '了'를 추가한 것이다.

　(15)　가.　*這件事不使我開心。
　　　　　나.　　這件事使我不開心。

(16)　가.　*這件事很使我開心。

　　　　나.　　這件事使我很開心。

(17)　가.　*這件事使了我開心。

　　　　나.　　這件事使我開心了。

　예문 (15), (16), (17)에서 확인할 수 있듯이 부정사 '不', 부사 '很', 시제 표현 '了'는 모두 '使'를 수식하지 않고 '開心'만을 수식한다. 뿐만 아니라 '使'가 '我'와 관련지어진 문장인 (18) 역시 비문이다.

(18)　*這件事使我。

　(13나)의 '使'가 자립성이 있는 동사라면 '使'가 '我'와 관련지어진 문장 (18)이 성립해야 한다. 그러나 (18)은 비문이다. 이러한 사실로부터 볼 때 '使' 자 사동문은 내포문을 갖는 문장이 아니다. 따라서 N2는 V2의 주어가 아니라 전체 문장의 목적어이다. 즉 '使' 자 사동문은 兼語句가 아니다.

　'使' 자 사동문은 '使' 류 동사가 바뀜에 따라 의미가 다소 다르다. 중국어문법에서는 일반적으로 사동주의 유정성에 따라 '使' 유형 동사를 구별하여 사용한다. 본 연구에서는 '使'에 의한 사동문 192개[20], '讓'에 의한 사동문 285개[21], '叫'에 의한 사동문 77개[22], '令'에 의한 사동문 200개[23]를 조사 대상으로 하여 사동주와 피사동주의 유정성을 고찰하였

---

20) CCL 말뭉치에 수록되어 있는 老舍의 작품 중에서 '使'를 포함하는 문장 300개를 대상으로 '使'의 용법을 살펴본 결과 192개의 문장이 사동의 의미를 나타내는 것이었다.

21) CCL 말뭉치에 수록되어 있는 王朔의 작품 중에서 '讓'을 포함하는 문장 357개를 대상으로 '讓'의 용법을 살펴본 결과 사동의 의미를 갖는 것이 총 285개였다.

22) 본 연구에서는 CCL 말뭉치에 수록되어 있는 王小波의 작품 중에서 '叫'를 포함하는 문장 332개를 대상으로 '叫'의 용법을 살펴보았는데 그 중에서 사동의 의미를 갖는 것이 77개였다.

23) 본 연구에서는 CCL말뭉치에 수록되어 있는 900개의 '令'을 포함하는 문장을 조사 대상으로 하여 '令'의 용법을 살펴보았는데 그 중에서 사동의 의미를 갖는 것은 200개였다.

는데 사동주가 [−유정성]의 성격을 띠는 경우에는 '使'에 의한 사동문을 사용하는 것이 일반적이고 사동주가 [+유정성]의 성격을 띠는 경우에는 '讓'에 의한 사동문, '叫'에 의한 사동문, '令'에 의한 사동문을 사용하는 것이 일반적임이 확인되었다. '叫'는 '讓'과 용법과 의미가 비슷하다. 따라서 여기에서는 '使', '讓', '令'에 대해서만 분석하도록 하겠다.

우선 다음 (19)를 보자.

(19) 張太尉使慶童請俊來說話。
      장태위는 경동에게 왕군이 와서 이야기하게 데려오라고 했다.

(19)는 '張太尉'라는 사람이 하인 '慶童'에게 '王俊'이라는 사람이 와서 이야기하게 데려오도록 시키는 내용이다. 이 문장은 사동주의 피사동주에 대한 '명령'이나 '지시'의 뜻이 함축되어 있다. 따라서 여기에서는 '使'를 '叫'나 '讓'으로 바꿔 쓸 수도 있다. 이는 고대중국어의 '使'의 용법인데 현대중국어에서는 '叫'나 '讓'을 사용하는 것이 일반적이다.[24]

다음 (20)은 사동주가 [−유정성]의 성격을 띠는 경우이다.

(20) 他的想象使他歡呼！
      그의 상상은 그를 환호하게 했다.

(20)의 사동주 '他的想象'은 [−유정성]의 성격을 띠는데 이러한 경우에 중국어문법에서는 '使'에 의한 사동문을 사용하는 것이 일반적이다.

다음 (21)은 사동주가 [+유정성]의 성격을 띠는 경우이지만 '使'를 사용하고 있다.

---

24) '讓'과 '令'에 대한 자세한 논의는 뒤에서 곧 이루어질 것이다.

(21) 他使大家感到: 營長是來跟他們談心。

그는 모두들로 하여금

대대장은 그들과 이야기하러 온 것이라고 느끼게 했다.

　(21)의 사동주는 [+유정성]의 성격을 띤다. 그러나 (21)에서는 사동주 '他'는 '他'가 어떠한 행동을 하여 그러한 사실이 피사동주로 하여금 어떠한 행동을 하거나 상태의 변화를 가져오게 하였다는 뜻을 표현한다. 즉 사동주는 어떠한 사건을 포함하고 있다. 이러한 경우에는 사동주가 [+유정성]의 성격을 띤다고 해도 일반적으로 '使'를 사용한다.

　'使'에 의한 사동문과 '讓'에 의한 사동문의 이러한 의미 차이는 동사 '使'와 '讓'의 의미 차이에 기인한다. '讓'은 '容許(허용하다)', '聽任(자유에 맡기다)'의 의미를 갖는 외에 '指使(조종하다)'의 뜻도 갖고 있다. 『現代漢語詞典』에 따르면 '指使'는 '계책을 꾸며 남으로 하여금 어떤 일을 하도록 하다'25)의 의미를 함의한다. 이에 반해 '使'가 갖고 있는 '致使'의 뜻은 '어떠한 원인으로 어떠한 결과를 불러일으키다'26)27)의 의미를 함의한다. 즉 '讓'은 '어떤 일을 하도록 하는 것' 즉 '명령'이나 '지시'의 경향을 보이는 데에 반해 '使'는 '어떠한 결과를 불러일으키는 것'에 초점이 놓인다. 따라서 '使'에 의한 사동문의 사동주는 [−유정성]의 성격을 띠게 되고 '讓'에 의한 사동문의 사동주는 [+유정성]의 성격을 띠게 된다. 따라서 '使'에 의한 사동문에서는 사동주의 행위가 끝나는 동시에 피사동주의 행위도 끝나지만 '讓'에 의한 사동문에서는 사동주가 명령, 지시한 내용이 이루어지지 않을 수도 있기 때문에 사동주의 행위는 끝나도 피사동주의 행위는 끝나지 않을 수가 있다.

---

25) 원문: 出主意叫別人去做某事。
26) 원문: 由於某種原因使得。
27) 『現代漢語詞典』을 참조.

이 밖에 중국어문법에서는 감사표현이나 사과표현의 문장에서 흔히 '讓'에 의한 사동문을 사용한다.

다음 (22), (23)을 보자.

(22) 謝謝你讓我長了見識。

(23) …, 讓您久等了。

呂叔湘(1980:461)

(22)는 상대방이 화자의 식견을 넓혀줘서 화자가 상대방에게 감사의 뜻을 전하는 문장이고 (23)은 화자가 약속 시간에 늦어서 상대방에게 사과하는 문장이다.

(22)에서 '讓'은 '시킴'의 의미보다는 피사동주가 그러한 결과를 가져올 수 있도록 사동주가 도와주었다는 뜻이 강조된다. (22)는 이러한 감사의 내용을 '謝謝'라는 단어의 뒤에 써준 것이다.

(23)에서는 '讓'을 사용함으로써 상대방을 기다리게 한 화자의 행위를 강조하여 사과의 정도를 최대화하고자 하였다. 이때 사과 표현 '對不起'를 사용하지 않아도 사과의 의미는 전달될 수 있다.[28]

마지막으로 '令'에 의한 사동문을 보자.

(24) 韓王令他入宮演奏。
       한왕은 그를 입궁하여 연주하게 했다.

(24)의 사동주 '韓王'과 피사동주 '他'는 모두 [+유정성]의 성격을 띤다. 일반적으로 (24)는 다음과 같이 고쳐 쓸 수 있다.

(25) 가. 韓王讓他入宮演奏。

---

28) 물론 상황에 따라서는 '對不起'를 반드시 사용해야 하는 경우도 있다.

나. 韓王叫他入宮演奏。

　(25가)는 (24)의 '令'을 '讓'으로 바꾼 것이고 (25나)는 (24)의 '令'을 '叫'로
바꾼 것이다. (25)의 '令'의 용법은 고대중국어에서 잔존한 것으로 현대중국
어에서는 (24)와 같은 문장에서 '讓'이나 '叫'를 사용하는 것이 일반적이다.
그러나 다음 (26)과 같은 문장에서는 일반적으로 '令'을 사용한다.

　(26)　…我的哭泣令他慌張。…
　　　　나의 울음은 그를 당황스럽게 했다.

　(26)의 제2동사 '慌張'은 심리동사이다. 이와 같이 제2동사가 심리동사
인 문장에서는 '令'을 사용하는 것이 일반적이다. 宛新政(2005)에 따르면
'令'에 의한 사동문은 피사동주가 [-유정성]의 성격을 띠는 경우가 없다.
그 이유는 바로 '令'은 심리동사와 어울려서 사용되기 때문이다. 심리동사
라는 것은 내적 시간이 존재하는 심적 태도로서 발화자만이 지각하고
인식하는 상태나 행위를 말한다. 따라서 '令'에 의한 사동문의 피사동주는
일반적으로 [+유정성]의 성격을 띤다.
　이밖에 중국어에는 직접사동이 항상 적용되는 경우가 있다. 동사 '給'
은 '주다'의 뜻을 갖고 있어 다음 (27)과 같은 경우에는 반드시 '給'을
사용해야만 문장이 성립한다.

　(27)　媽媽給嬰兒穿衣服。
　　　　어머니는 갓난아기에게 옷을 입혀준다.

　(27)은 피사동주가 행동이 자유롭지 못한 '嬰兒'이기 때문에 반드시
제3자의 도움을 받아야 옷을 입을 수가 있다.
　중국어에서는 피사동주가 스스로 행동을 할 수 없는 경우에는 '給'을

사용하여 '사동주가 피사동주에게 해줌'의 의미를 표현할 수가 있다. (27)
에서는 '給'을 사용하여 사동주 '媽媽'가 피사동주 '嬰兒'에게 '穿'이라는
동작을 대신 해주는 의미를 표현하고 있다.

전기정(2006)은 (27)에서 '媽媽'가 '입히는' 동작에 직접 참여하므로
그 동작의 주체는 '媽媽'이고 따라서 이러한 '給'은 사동의 의미보다는
수혜의 의미를 나타낸다고 하였다. 그러나 '媽媽'는 '입히는' 동작을 하는
것이지 '입는' 동작까지 하는 것이 아니므로 즉 '입는' 동작의 주체는
어디까지나 '嬰兒'이기 때문에 '給'은 사동의 의미를 나타낸다고 보아야
하며 다만 이러한 '給'의 사동의 의미는 '穿'을 통해서 표현된다.

2.2.2. 어휘적 사동문

본 장의 〈2.1. 사동문의 유형〉에서 논의한 바와 같이 예문 (2나), (3나),
(4나)와 같은 문장은 모두 어휘 자체에 사동의 의미를 함축하고 있는
동사에 의해 실현되는 사동문이다. 다음 (28나)[29]는 앞에서 논의한 '使令'
동사에 의한 어휘적 사동문이다.

    (28) 가. 你生氣了嗎?
            화났니?
        나. 我氣你了?
            내가 너를 화나게 했니?

(28)에서 확인할 수 있듯이 '氣'는 '使生氣'의 의미를 함축하고 있다.
다시 말하자면 '氣'는 의미적으로 사동의 뜻을 갖고 있다. 사동문 (28나)
는 (28가)의 동사 '生氣' 대신 사동의 의미를 함축하고 있는 서술어 '氣'를

---

29) (27나)는 (4)를 그대로 가져온 것이다.

등장시켰고 전체 문장의 주어 '我'가 추가되어 생성된다. 본 연구에서는 (28나)와 같은 사동문을 '氣' 류 사동문이라고 지칭한다.

2장의 〈2.1. 사동문의 유형〉에서 논의한 바와 같이 중국어에는 예문 (28나)와 같은 유형 외에 다음 (29나)[30]와 같은 어휘적 사동문도 있다.

(29) 가. 元朝的統治結束了
　　　　원나라의 통치가 끝났다.
　　 나. 朱元璋結束了元朝的統治。
　　　　주원장은 원나라의 통치를 끝냈다.

(29)에서 확인할 수 있듯이 (29나)는 (29가)에 주어 '朱元璋'이 추가되어 생성되었다. 이와 같이 '結束'은 경우에 따라 자동사이기도 하고 타동사이기도 하다. 이러한 동사에 의한 사동문은 엄밀한 의미에서는 어휘적 사동문이 아니다. 왜냐하면 사동사가 자동사와 타동사의 성격을 이중적으로 갖기 때문이다. 그리고 접미사 사동문이나 통사적 사동문도 아니다. 그러나 어휘 자체에 사동의 의미를 함축하고 있다는 데에서 예문 (28나)의 경우와 유사하므로 어휘적 사동문에 포함시켜 다루도록 하겠다. 그리고 (29나)와 같은 사동문을 '結束' 류 사동문이라고 지칭한다.

여기에서 (29)의 '結束'과 (28나)의 '氣'가 어떠한 차이점이 있는지 분석하여 볼 필요가 있다. (28나)의 '氣'는 사동의 뜻 하나만 갖는 데에 반해 (29)의 '結束'은 '끝나다'와 '끝내다'의 두 가지 의미를 갖는다. 주목되는 것은 '結束'은 특수한 문장구조에서만이 '끝내다'의 의미를 갖는다는 것인데 즉 (29나)에서 목적어 '統治'를 생략하게 되면 '結束'은 사동사가 아닌 '끝나다'의 의미로 해석된다. 이에 반해 (28나)의 '氣'는 목적어 '你'를 생략하여도 그 사동의 의미는 변함이 없다. 바꾸어 말하자면 '結束'은

---

30) (28나)는 앞에서 논의한 예문 (2나)를 그대로 가져온 것이다.

목적어를 갖게 되는 순간 사동의 의미인 '끝내다'로 해석된다는 것이다. '氣'는 목적어를 갖느냐와 상관없이 사동의 의미는 그 본연의 뜻이다.

본 연구에서는 『漢語動詞用法辭典』을 대상으로 '致使'라고 표기되어 있는 동사만을 추출하였는데[31] '氣' 류 동사와 '結束' 류 동사는 아래에 제시한 바와 같다.

動彈, 凍2, 堆, 對3, 改1, 降2, 接1, 開5, 落2, 迷2, 欠1, 散, 殺3, 破2, 磨1, 扭1, 扭3, 升1, 升2, 抬1, 退3, 下6, 搖, 住2, 轉1, 走2, 發6, 過1, 變2, 發7, 出5, 鬥2, 起1, 凍1, 化, 去, 氣, 起2, 進1, 進2, 出1, 上3, 翻1, 糾正, 滅1, 破7, 劈3, 伸, 通3, 合2, 定, 閉, 縮2, 探2, 脫3, 卸2, 完, 開1, 立1, 破4, 破5, 翻7, 掉², 改革, 破6, 變化, 出去, 斷絶, 分裂, 集合, 減少, 結束, 解散1, 解散2, 擴大, 滅亡, 跑1, 遷移, 實現, 縮小, 通2, 停1, 突出, 搖晃, 移動, 增加, 轉變, 轉, 醉, 退3, 延長, 滾1, 流露, 通過2, 提高, 解放, 增長, 恢複, 統一, 集中, 發揚, 破壞, 普及, 擴充, 降低, 停2, 扭轉, 消除, 發動3, 發揮1, 發展, 改變1, 積累, 開動, 解決, 改進, 改良, 改善, 改正, 顚倒, 落4, 出版, 改變2, 褪, 練, 傷, 破3, 展開1, 展開2, 震動1

譚景春(1997:185-187)은 사동 목적어를 수반하여 사동화될 수 있는 동사를 다음과 같이 제시하였다.

暴露, 變, 沉, 動搖, 凍, 鬪, 斷, 斷絶, 惡化, 發, 發揮, 發展, 翻, 分裂, 分散, 腐化, 改變, 改進, 改善, 骨碌, 滾, 化, 轟動, 緩和, 緩解, 渙散, 荒, 荒廢, 荒疏, 晃, 恢復, 活動, 集合, 加强, 加重, 減輕, 減少, 降, 降低, 結束, 解散, 捲, 聚集, 開, 開展, 虧, 擴大, 擴充, 立, 落, 痲痺, 迷惑, 滅, 滅亡, 平息, 平定, 氣, 軟化, 折, 實現, 縮小, 疏散, 提高, 停, 停止, 通,

31) 『漢語動詞用法詞典』에서는 '兼類詞'도 동사로 간주하여 등록시켰는데 본 연구에서는 '兼類詞'를 따로 다루기로 하였으므로 18개의 '兼類詞'를 모두 제외시켰다. 한편 '坐'는 주동문의 설정이 어려우므로 연구의 대상에서 제외시켰다.

統一, 退, 瓦解, 彎, 熄, 響, 消, 搖, 搖晃, 搖動, 轉, 增加, 增强, 振作……

박미정(2002:72)은 이 중 주체, 객체, 대상, 도구, 목적, 원인, 장소 등을 나타내는 다른 목적어를 수반하지 않고 사동 목적어만을 수반하는 사동사를 다음과 같이 제시하였다.

暴露, 閉, 變化, 出版, 顚倒, 掉, 鬪, 端正, 對, 餓, 發, 發動, 發揮, 發揚, 方便, 放 , 分裂, 富, 改變, 改革, 改進, 改良, 改善, 改正, 感動, 鞏固, 關, 貫徹, 轟動, 回, 活動, 集合, 集中, 加强, 減, 減少, 結束, 解決, 解散, 緊, 進, 糾正, 開, 開動, 渴, 擴充, 擴大, 流露, 滿足, 迷, 密切, 滅, 滅亡, 明確, 模糊, , 便 宜, 破, 破壞, 起, 氣, 遷移, 欠, 去, 確定, 熱, 殺, 上, 伸, 升, 實現, 順, 縮, 縮 小, 撬, 探, 提高, 通, 統一, 脫, 完, 完成, 穩定, 下, 響, 消除, 延長, 移動, 增 加, 增長, 展開, 震動, 住, 轉變

譚麗 (2009:9~11)는 자동사와 사동사의 기능을 겸하는 술어들을 다음과 같이 제시하였다.

동작류 사동사
閉, 出, 出去, 撤回, 動彈, 動搖, 凍, 鬪, 堆, 掉, 掉轉, 滑動, 倒, 倒剪, 抖顫, 抖動, 抖擻, 倒掛, 擱, 關, 拐, 滾, 過, 合, 活動, 回, 接, 卷, 進, 降, 開, 開動, 看, 立, 留, 磨, 批, 碰, 跑, 劈, 起, 遷移, 去, 殺, 傷, 上, 伸, 升, 摔倒, 灑, 退, 抬, 探, 退, 褪, 燙, 通, 脫, 下, 休息, 壓, 搖, 搖擺, 飮, 移動

변화류 사동사
變化, 醜化, 轉化, 分化, 改變, 改良, 改善, 改進, 改正, 加强, 固化, 加快, 加固, 加緊, 加速, 加劇, 加寬, 加深, 加重, 減輕, 減少, 減低, 減弱, 降低, 簡化, 僵化, 擴大, 擴充, 擴銷, 擴展, 擴張, 綠化, 亮化,

量化, 美化, 强化, 融化, 溶化, 熔化, 乳化, 軟化, 沙化, 縮小, 深化,
提高, 提升, 拓寬, 優化, 延長, 滋長, 增加, 增長, 增高, 增强, 增添

상태류 사동사

安頓, 保存, 暴露, 敗露, 敗壞, 沉, 成立, 成就, 重複, 出版, 顚倒, 奠定,
斷, 沸騰, 發揚, 發展, 發揮, 分散, 分解, 粉碎, 複活, 公開, 化解, 旱,
渙散, 荒廢, 毁, 混淆, 轟動, 集結, 集合, 積壓, 繼續, 見(呈現), 建立, 盡,
交流, 解放, 解決, 解散, 渴, 開(開除, 沸騰), 開放, 開展, 離, 立, 聯合,
了卻, 了斷, 了結, 裂, 落實, 流露, 漏, 麻醉, 彌合, 凝固, 扭曲, 確立,
破, 破裂, 平反, 平複, 去(除去), 傾倒, 確定, 生(産生), 死(消失), 失, 失去,
實現, 喪失, 實現, 樹立, 袒露, 通過, 淘汰, 突顯, 瓦解, 歪曲, 完成, 汗染,
顯(出), 熄, 泄露, 響, 形成, 延伸, 酔, 走(泄露), 中止, 震動, 整頓, 振作

전술한 바와 같이 중국어에는 사동의 의미를 갖는 동사가 상당히 많다.
한편 이러한 동사에 대한 연구는 활발히 이루어지고 있으나, 분류 기준에
있어서 학자들마다 다소 차이를 보이고 있다.

이밖에 중국어에는 앞에서 논의한 예문 (3나)와 같은 사동문도 있다.
다음 (30나)가 그것이다.[32)]

(30) 가. 學習目的明確。
학습 목표가 명확하다.
나. 他明確了學習目的。
그는 학습 목표를 명확하게 하였다.

(30)에서 확인할 수 있듯이 (30나)는 (30가)에 주어 '他'가 추가되어
생성되었다. '明確'은 (30가)에서는 형용사이지만 사동문 (30나)에서는

---

32) 중국어에는 형용사와 동사의 이중성격을 띠고 있는 단어가 있는데 이러한 단어가
동사의 성격을 띠는 경우 사동의 의미를 갖는다.

동사가 되어 서술어로 기능할 뿐만 아니라 목적어까지 갖는다. 이는 앞에서 나온 '結束'과 매우 유사하다. '明確'은 (30나)에서 비록 동사의 성격을 갖지만 형용사의 경우와 비교하여 형태적으로는 변화가 없으나 사동의 의미를 갖게 된다. 다시 말하자면 서술어 '明確'의 동작의 주체인 '他'는 목적어인 '學習目的'으로 하여금 형용사 '明確'의 성격을 갖게 할 뿐이다. 이렇게 '明確'처럼 의미적으로 관련이 있으며 두 가지 이상의 품사로 사용되는 단어를 중국어 문법에서는 '兼類詞'라고 한다. 따라서 (30나)와 같은 사동문을 '兼類詞' 사동문이라고 지칭한다.

마문나(2012:22~31)에서는 형용사이면서 동사의 성격을 갖는 어휘에 대해 구체적으로 논의하였다. 그는 1차적으로 李泉(1997b)[33])에서 수집한 170개의 형용사와 『現代漢語語法信息詞典』(北京大學計算機語言學研究所, 2003年版)에서 추출한 형용사 493개(동사이면서 형용사인 兼類詞 266개, 형용사이면서 동사인 兼類詞 209개, 구별사(區別詞)[34])이면서 동사인 단어 18개)를 합쳐서 중복된 것을 제외하고 총 284개를 추출하였고 2차적으로 목적어를 수반할 때와 목적어를 수반하지 않을 때 단어의 의미가 명확히 구별되어 같은 단어로 볼 수 없는 것(46개), 형용사가 이합사(離合詞)[35])로서 내부에 목적어를 가지고 있어 목적어를 더는 취할 수 없는 경우(6개), 지시적인 논항을 목적어로 갖지 못하고 시량성분만

---

33) 『普通話三千常用詞表(初稿)』(中國文改會編, 文字改革出版社, 1959年版), 『形容詞用法詞典』(鄭懷德·孟慶海編, 湖南出版社, 1991年版), 『漢語水平詞彙與漢字等級大綱』(國家漢辦漢語水平考試部, 北京語言學院出版社, 1992年版)을 조사 대상 자료로 하여 형용사 170개를 추출하였다.

34) 黃伯榮·廖序東(1991:18)에 따르면 '區別詞'는 사물의 속성을 나타낸다. '野生(야생), 初級(초급), 慢性(만성)' 등이 그 예이다. 이러한 어휘는 '男(남):女(여), 雄(수컷):雌(암컷), 陰性(음성):陽性(양성)' 등과 같이 대립쌍으로 존재하는 경우가 많다. 한편 朱德熙 (1999:63~65)에 따르면 '區別詞'는 양사나 부사 '很'의 수식을 받지 않고 문장에서는 주어, 목적어, 서술어가 될 수 없으며 명사만 수식하거나 조사 '的'의 앞에 사용된다.

35) 梁紅雁(2004:32)에 따르면 '離合詞'는 분리할 수 있는 동사나 형용사를 가리킨다. 예를 들면 동사 '生氣(화나다)'는 '生(나다)'와 '氣(화)'로 분리할 수 있다.

수반할 수 있는 것(2개)을 연구 대상에서 제외하여 총 230개의 단어를 연구의 대상으로 삼았다. 그 중에서 1음절 형용사는 104개이고 2음절 형용사는 126개이다. 그리고 이 230개 형용사는 다시 여섯 가지 부류로 나눴는데 그 중에서 사동36)의 의미를 나타내는 것은 다음과 같다.

[1음절 형용사]

急, 窄, 辣, 累, 難, 粗, 白, 大, 黑, 紅, 厚, 壞, 黃, 尖, 空(kòng), 苦, 爛, 軟, 濕, 禿, 閑, 硬, 髒, 直, 花, 聾, 啞, 板, 散, 勻, 正, 穩, 低, 餓, 肥, 富, 鼓, 光, 狠, 緩, 慌, 亮, 亂, 麻, 滿, 悶, 鬧, 膩, 暖, 偏, 平, 氣, 清, 熱, 潤, 曬, 瘦, 松, 燙, 通, 歪, 彎, 斜, 差, 冤, 圓, 皺, 壯

[2음절 형용사]

安定, 安慰, 蔽塞, 便利, 遲滯, 充實, 純潔, 純淨, 動搖, 端正, 發達, 繁榮, 方便, 放松, 分散, 豐富, 感動, 公開, 鞏固, 孤立, 固定, 規範, 規正, 寒磣, 和緩, 渙散, 活動, 活躍, 堅定, 簡便, 健全, 解放, 開闊, 冷淡, 冷落, 麻痹, 滿足, 迷惑, 密切, 勉強, 明確, 明晰, 模糊, 惱怒, 暖和, 疲憊, 平衡, 平整, 破碎, 強壯, 清潔, 清醒, 融洽, 潤澤, 濕潤, 疏松, 疏遠, 舒展, 松動, 松懈, 統一, 突出, 彎曲, 完備, 完善, 爲難, 委屈, 溫暖, 穩定, 穩固, 協調, 辛苦, 興奮, 馴服, 壓抑, 嚴格, 嚴密, 嚴明, 嚴肅, 隱蔽, 冤枉, 鎮定, 鎮靜, 壯大, 滋潤

마문나(2012)에서 제시한 형용사 외에 譚景春(1997:185~187)에서는 '饞', '煩', '緊', '渴', '寬', '累', '涼(liàng)', '鬆' 등 1음절 형용사, '惡心', '集中', '堅強',

---

36) 마문나(2012)에서는 사역목적어라는 용어를 사용하였는데 이에는 사동목적어와 자동목적어가 포함된다. 그 중에서 사동목적어는 목적어가 지닌 성질이나 나타낸 상태는 인위적인 요인으로 인해 형성되는 것이고 자동목적어는 외부요인이나 자연적인 요인으로 인해 갖게 되는 것이다. 양자는 모두 원인 제공자에 목적어로 하여금 어떤 성질이나 상태를 갖고 있는 것으로 보아 마문나(2012)는 이 둘을 사역목적어에 귀속시켰다. 마문나(2012)의 사역목적어를 갖는 형용사는 대부분이 본 연구의 사동의 기준을 만족시키므로 '사동'이라는 용어로 바꾸었다.

'麻煩', '便宜', '平定', '普及' 등 2음절 형용사도 사동사로 간주하였고 王啟龍 (2013:62~63)에서는 '混淆', '疏散' 등을 사동사에 포함시켰다. 李泉 (1997:186~189)에서는 '沉默', '講究', '肯定', '明白', '深入', '疏遠', '坦白', '團 結', '稀罕', '小心', '不滿', '缺乏', '熱心', '熟練', '專心', '忠誠' 등 2음절 형용사도 사동사로 간주하였는데 일부는 사동사로 간주하기 어려운 것들도 있다. 그 중에 마문나(2012)에서 제시한 겸류사가 비교적 포괄적이라고 할 수 있는데, 위에서 제시한 것들 중에 '解放, 突出' 등은 동사이므로 '兼類詞'가 아니다. 따라서 '解放, 突出'를 제외한 마문나(2012)에서 제시한 형용사들을 본 연구의 대상으로 삼을 것이다.

제3장

한국어 사동문의 분석

제3장 한국어 사동문의 분석

3.1. 사동문의 유형

지금까지 한국어문법에서 거론된 사동법으로는 용언 어간에 사동접미사를 붙여서 실현하는 접미사 사동법, 용언 어간에 '-게/도록 하/만들-'을 결합시켜 실현하는 통사적 사동법, '하다'체 동사 어근에 '-시키-'를 결합시켜 실현하는 '-시키-' 사동법, 개별 어휘에 의해 실현되는 어휘적 사동법이 있다.[1] 그 중에 어휘적 사동법은 전술한 바와 같이 전형적인 사동법이 아니다. 본 연구는 한중 양 언어의 사동문을 체계적으로 대조하기 위해 어휘적 사동법을 연구 범위에 포함시켰다.

한국에서는 학자에 따라 사동을 다르게 분류하는데 본 연구에서는 기존에 거론된 사동문의 유형에 대해 분석한 후 본 연구에서 대상으로 삼을 한국어의 사동문 유형을 확정할 것이다.

남기심 · 고영근(1985)는 다음 (31)을 사동문으로 보았다.

> (31) 가. 모처럼 여행을 가기로 했는데 짐이 너무 많았다. 모두들 짐을 지기를 좋아하지 않았지만, 짐을 조금씩 나누어 지우기로 하고, 각각 짐을 싸게 하였다.
>
> (남기심 · 고영근(1985:289))
>
> 나. 시에서 길을 넓힌다.
>
> (남기심 · 고영근(1985:291))

---

1) 김형배(1996)은 접미사 사동사에 '-게 하-'가 결합하여 구성된 사동법도 한국어의 사동법으로 인정하였는데 이러한 사동법은 통사적 사동법의 특징으로 볼 수 있으므로 본 연구에서는 사동법으로 간주하기 어렵다고 보아 여기에서는 제시하지 않았다.

예문 (31가)의 '지우다'와 (31나)의 '넓히다'는 용언 어간에 사동접미사가 붙어서 구성된 접미사 사동사이고 (31가)의 '싸게 하다'는 용언 어간에 '-게 하-'가 결합되어 구성된 통사적 사동 구성이다. 최현배(1937), 김일웅(1978) 등에서도 이러한 문장을 사동문으로 보았다. 한편 허웅(1975)는 (31나)에서 시킴을 받는 것이 사람이 아니므로 이러한 문장을 사동문으로 볼 수 없다고 하였다. 그러나 (31나)에서도 (31가)와 마찬가지로 사동접미사의 추가와 논항 수의 증가를 확인할 수 있다. 즉, (31나)는 (31가)와 형태·통사적으로 동일한 과정을 거쳐서 만들어진 문장이다. 따라서 본 연구에서는 (31가)와 함께 (31나)도 사동문으로 간주할 것이다.

이어 다음 (32)가 사동문으로 간주될 수 있는지 보자.

(32) 우리 집에서는 소 한 마리를 먹인다.

예문 (32)의 '먹이다'는 형태적으로는 '먹다'의 사동사인 것 같지만 이미 '사육하다'의 뜻으로 어휘화되었다. 즉, 사동의 의미를 갖고 있지 못하다. 따라서 본 연구에서는 (32)를 사동문으로 간주하지 않는다.

이어 다음 (33)이 사동문으로 간주될 수 있는지 보자.

(33) 가. 이 영화는 가슴을 아프게 만들었다.
      나. 선생님은 글자를 크게 써서 우리가 보도록 했다.
      다. 이러한 교수법은 학습자로 하여금 어렵게 느끼도록 만들었다.

예문 (33)의 '아프게 만들다', '보도록 하다', '느끼도록 만들다'는 용언 '아프다', '보다', '느끼다'의 어간에 각각 '-게 만들-', '-도록 하-', '-도록 만들-'이 결합하여 구성된 것이다. 이들은 모두 '-게 하-' 사동과 유사한 특징을 갖고 있다. 따라서 본 연구에서는 (33)을 사동문으로 간주한다. 권재일(1992), 김형배(1997)에서도 (33)과 같은 문장을 모두 사동문으로 간주하였다.

최현배(1937)은 '-시키-' 사동을 한국어 사동의 한 유형으로 분류하였다.

(34) 나뭇가지들이 나로 하여금 조각품을 연상시킨다.

예문 (34)의 '연상시키다'는 '연상하다'의 어근 '연상'에 '-시키-'가 붙어서 구성된 것이다. (34)는 그에 대응하는 주동문을 설정할 수 있고 (34)는 주동문에 비해 논항이 1개 많다. 따라서 사동문으로 간주될 수 있다. 서원임(1974), 서정수(1975, 1994), 김석득(1980), 권재일(1992)는 (34)와 같은 문장을 모두 사동문으로 인정하였다. 그러나 남기심·고영근(1985)는 '-시키-' 사동사가 '연상'이라는 어근과 '-시키-'라는 어근이 연결되는 합성동사라는 점과 모든 '-하다' 체 동사들이 그에 대응하는 '-시키-' 동사를 갖지 않는다는 점 때문에 진정한 사동사로 보지 않았다. 그러나 '-시키-'를 한국어의 다른 사동 파생접사와 마찬가지로 파생접사로 간주하고 이에 의해 파생된 동사도 사동사로 분석하는 데에는 별 문제가 없는 것으로 사료되어 본 연구에서는 '-시키-' 사동을 접미사 사동에 포함시키기로 한다.
이어 다음 (35)가 사동문으로 간주될 수 있는지 보자.

(35) 소가 수레를 움직였다.

예문 (35)에는 '움직이다' 동사가 사용되었다. 김석득(1980:39)은 '움직이다' 류 동사가 사동사라는 근거로 세 가지 사실을 들었다. 첫째, 자동문과의 통사적 관계에서 볼 때 그 타동사문은 새로 만들어진 임자씨를 가진 문장이 되기 때문이다. 곧 '움직이다'는 자동사문의 움직임의 원인이 되기 때문이다. 둘째, 역사적인 측면에서 볼 때 '움직이다'는 15세기에는 시킴의 표지가 분명히 있었던 것인데 오늘 형태가 바뀌면서 영화(zeroing)한 것으로 볼 수 있기 때문이다. 셋째, '움직이다'는 시킴의 도움

움직씨 '-게 하다'를 붙여서 '움직이게 하다'로 수의변이(optional variation)할 수 있기 때문이다. 그러므로 남움직씨는 영형태화(zeromodification)에 의하여 시킴남움직씨가 된 것으로 봄이 옳을 듯하다. 이렇게 볼 때 '움직이다'는 사동사로 간주될 수가 있다.

이밖에 다음 (36)과 같은 문장도 사동문으로 보는 경우가 있다.

(36) 어머니는 영희를 학교에 보냈다.

예문 (36)의 '보내다'는 '가게 하다'의 의미를 갖고 있으므로 (36)도 사동문으로 간주될 수 있다. 한편 (36)은 주동사와 사동사가 형태적으로 다르다는 데에서 (35)와 차이를 보인다. '움직이다'나 '보내다'와 같은 동사들을 어휘적 사동사라 한다.

지금까지 한국어 사동문의 다양한 유형을 살펴보았다. 본 연구에서는 (31), (34)와 같은 접미사 사동, 예문 (31가), (33)과 같은 통사적 사동, 예문 (35), (36)과 같은 어휘적 사동을 연구 대상으로 삼을 것이다.

3.2. 한국어 사동문의 특징

여기에서는 〈3.1. 사동문의 유형〉에서 확정된 각각의 사동의 특징을 자세히 분석하도록 하겠다.

3.2.1. 접미사 사동문

접미사 사동은 용언 어근에 '-이-' 류 사동접미사가 붙어 구성되는 접미사 사동과 '하다' 체 동사의 어근에 '-시키-'가 결합하여 구성되는 접미사 사동을 분리하여 살펴볼 것이다. 이는 후자가 주목할 만한 다양한 특징을 보이기 때문이다.

3.2.1.1. '-이-' 류 접미사 사동문

본 연구에서는 (37나)와 같은 문장을 '-이-' 류 접미사 사동문으로
보았다.

(37) 가. 낙타가 물을 먹는다.
      나. 그는 낙타에게 물을 먹인다.

(37)에서 확인할 수 있듯이 접미사 사동문 (37나)에는 새로운 주어
'그'가 등장하였고 주동문의 주어 '낙타', 목적어 '물'은 각각 필수적 부사
어와 목어가 되었으며 주동사 '먹다'의 어간에 사동접미사 '-이-'가 붙어
사동사 '먹이다'가 생성되어 구성되었다. 물론 주동사가 '먹다'처럼 타동
사가 아니고 자동사나 형용사이면 주동문에서 사동문으로 바뀐 후 통사
구조가 다소 다르다. 다음 (38), (39)는 각각 주동사가 자동사와 형용사인
경우이다.

(38) 가. 밑바닥의 물기가 말랐다.
      나. 싱그러운 바람이 밑바닥의 물기를 말렸다.

(39) 가. 역전 우승의 가능성이 높다.
      나. 박지은은 역전 우승의 가능성을 높였다.

(38), (39)에서 확인할 수 있듯이 '마르다' 구문에 대해서 '말리다' 구문
이 대응하고 '높다' 구문에 대해서 '높이다' 구문이 대응한다. (38나)에서
사동사 '말리다'는 자동사 '마르다'의 어근에 사동접미사 '-리-'가 붙어
구성되었고 (39나)에서 사동사 '높이다'는 형용사 '높다'의 어근에 사동접
미사 '-이-'가 붙어 구성되었다. 그리고 (38나)와 (39나)는 간접 목적어
가 없다는 데에서 (37나)와 다르다.

이와 같이 사동접미사는 자동사, 타동사, 형용사에 두루 붙을 수 있다.

그렇다면 모든 동사나 형용사에 사동접미사가 붙을 수 있을까? 한국어의 접미사 사동은 모든 동사나 형용사에 의해 선택되는 것이 아니다. 다음 (40)과 (41)이 이 사실을 잘 보여주고 있다.

(40) 가. 동생이 간다.
     나. *어머니는 동생을 가인다.
     다. 어머니는 동생을 가게 한다.

(41) 가. 김치가 시다.
     나. *높은 온도는 김치를 새운다.
     다. 높은 온도는 김치를 시게 만든다.

예문 (40)에서 확인할 수 있듯이 주동사 '가다'의 사동 구성은 (40다)의 '가게 하다'이지 (40나)의 '가이다'가 아니다. 예문 (40)에서도 마찬가지로 주동사 '시다'의 사동 구성은 (41다)의 '시게 만들다'이지 (41나)의 '새우다'가 아니다. 즉 모든 용언에 접미사 사동이 선택되는 것이 아니다. 그렇다하여 접미사 사동이 선택되는 기준이 뚜렷한 것도 아니다. 김형배 (1997)에서도 밝힌 바와 같이 한국어의 사동사는 어느 정도는 어근말음에 따라 각기 다른 형태의 사동접미사를 선택하는 것으로 보이나 어근말음이 'ㄱ'인 경우에 사동접미사 '-이-'가 결합하기도 하고 '-히-'가 결합하기도 하는 등 같은 어근말음인데도 각기 다른 형태의 사동접미사가 결합되는 복잡한 분포 환경을 보이고 있다.

한편 접미사 사동사는 접미사 피동사와 형태가 동일한 경우가 있다. 다음 (42)가 그러한 경우이다.

(42) 가. 언니가 동생을 안았다.

　　　나. 어머니는 언니에게 동생을 안겼다.

　　　다. 동생이 언니에게 안겼다.

예문에서 보이는 바와 같이 (42가)에 대해서 (42나)와 (42다)가 모두 대응한다. 그러나 (42나)는 '언니'가 '동생'을 스스로 안은 것이 아니라 '어머니'가 시켜서 안게 되었다는 뜻이고 (42다)는 '동생'이 '언니'에 의해 안김을 당했다는 뜻이다. 즉 (42나)는 사동문이고 (42다)는 피동문이다.

이와 같이 동사 '안다'의 사동사와 피동사는 모두 '안기다'로서 형태가 동일하다. 접미사 사동사와 접미사 피동사의 형태적 동일성은 한국어의 큰 특징의 하나이다. 혹자는 형태적으로 동일한 접미사 사동사와 접미사 피동사를 하나의 어휘 항목으로 등록시켜 하나 이상의 의미가 주어질 수 있도록 해야 한다고 주장하기도 하는데 사동법과 피동법은 어느 언어에서나 존재하는 중요한 문법 범주일 뿐만 아니라 (42)에서도 확인할 수 있듯이 의미가 전혀 다르다. 김석득(1987), 박영선(1985)에서도 사동문과 피동문은 음운론적, 형태론적 유사성은 어느 정도 억지로 맞춘다면 긍정할 수 있으나 통사론적, 의미론적 유사성은 시인하기 어렵다고 하였다. 따라서 우리는 접미사 사동사와 접미사 피동사는 각각 다루는 것이 타당하다고 본다.

3.2.1.2. '-시키-' 접미사 사동문

본 장의 〈3.1. 사동문의 유형〉에서 논의한 바와 같이 (43나)와 같은 문장은 접미사 사동문의 한 부류이다.

(43) 가. 그는 이 사실을 인식한다.

　　　나. 우리는 그에게 이 사실을 인식시켜야 한다.

(43)의 문장은 '인식하다'의 어근 '인식'에 '-시키-'가 붙어 사동사 '인식시키다'가 생성되어 구성되었다. 물론 주동사가 자동사나 형용사이면 주동문에서 사동문으로 바뀐 후 통사구조가 다소 다르다. 다음 (44)는 주동사가 자동사인 경우이다.

　(44)　가. 국민의 민족의식이 성장했다.
　　　　나. 오랜 전쟁이 국민의 민족의식을 성장시켰다.

　사동문 (44나)의 사동사 '성장시키다'는 자동사 '성장하다'의 어근 '성장'에 '-시키-'가 결합하여 구성되었다.

　이와 같이 접미사 '-시키-'는 '-하다' 체 동사에 붙는다. 한편 모든 '-하다' 체 동사에 '-시키-'가 붙는 것은 아니다. 예를 들면 '노력하다, 감사하다, 고민하다, 기초하다, 달리하다, 발견하다, 존경하다, 좋아하다, 즐거워하다, 축하하다, 생각하다' 등 '-하다' 체 동사에는 '-시키-'가 붙을 수 없다.

　『표준국어대사전』에서는 '시키다'에 대해 다음과 같이 해석하고 있다.

　시키다01
　「동사」
　【…에/에게 …을】
　「1」【…에/에게 -게/도록】【…에/에게 -고】【…을 …을】【…을 -게/도록】
　【…을 -고】어떤 일이나 행동을 하게 하다.
　「2」음식 따위를 만들어 오거나 가지고 오도록 주문하다.
　【<시기다<석상>】
　-시키다02
　「접사」
　((서술성을 가지는 일부 명사 뒤에 붙어)) '사동'의 뜻을 더하고 동사를 만드는 접미사.

그리고 표준국어대사전에서는 동사로서의 「1」의 용례로 다음과 같은 문장을 제시하고 있다.

¶ 인부에게 일을 **시키다**. ‖ 아버지는 아들에게 할아버지를 편하게 모시도록 **시켰다**. ‖ 그는 부하들에게 집 주변을 빈틈없이 수색하라고 *시켰다*. ‖ 아버지는 자식들을 험한 농장일을 **시키면서** 가슴속으로 눈물을 흘리셨다. ‖ 선생님은 아이들을 청소를 하게 **시키고** 퇴근하셨다. ‖ 감독은 선수들을 운동장을 해 질 때까지 뛰라고 *시키고는* 자리를 떠났다.

여기에서 주목되는 것은 동사로서의 '시키다'는 '어떤 일이나 행동을 하게 하다'의 뜻으로 간접인용 형식과 잘 어울린다는 것이다.(〔…에/에게 -고〕,〔…을 -고〕에 대한 용례 참조.) 이는 '시키다'가 타인에게 '명령'이나 '지시'의 뜻을 전달하는 양상을 표현한다는 뜻이기도 한다. 이러한 관점에서 볼 때 접사 '-시키-'가 사동의 의미를 갖게 되는 이유도 개별동사로서의 '시키다'의 의미와 다소 관련이 있어 보인다. 이러한 사실을 뒷받침해주는 근거는 '존경하다, 짐작하다' 등은 비의도적인 심리작용의 표현이고 '하품하다, 잠꼬대하다' 등은 생리적인 현상으로서 타인이 명령하거나 지시할 만한 내용이 아니므로 이들은 모두 '-시키-'에 선행하여 사용될 수가 없다는 것이다. 이로부터 '지시'나 '명령'과 어울리지 않는 체언은 그 뒤에 '-시키-'가 붙을 수 없다는 결론을 얻을 수 있다. 이정택(2005)에서도 동일한 주장을 보이고 있다.

권재일(1992)에서는 동작성을 띤 선행요소만이 '-시키-'와 결합이 가능하다고 하였다. 그러나 '기도하다, 눈짓하다' 등은 동작성이 있는 데에도 불구하고 '-시키-'와의 결합이 불가능하다. 따라서 '-시키-' 동사의 형성을 선행 요소의 동작성만으로 설명할 수는 없다.

김형배(1995)에 따르면 '-한다'와 결합할 수 있는 대부분의 명사는 '-시키-'와 어울린다. 그러나 예외적인 경우도 있다. '마비시키다'는 '신경이나 힘줄이 그 기능이 정지되거나 소멸됨 또는 그 상태'의 뜻을 지니고 있으므로 스스로 행하는 뜻의 '-한다'는 결합할 수 없고 그러한 상태가 되게 하는 '-시키-'는 결합이 자유롭다. '고갈시키다, 고조시키다' 등도 '-한다'가 결합할 수 없는 경우이다. 그리고 존대, 시킴, 외부의 직접적인 물리적 힘이 가해질 수 없는 명사, 본능적·생리적 현상을 나타내는 명사, 자연현상을 나타내는 명사, '-한다'와 결합하더라도 선행요소와 분리되어 독립적으로 쓰일 수 없는 명사의 경우에는 '-시키-'와의 결합이 제약된다고 하였다. 이러한 명사는 모두 '지시'나 '명령'할만한 내용이 못된다. 이렇게 볼 때 이정택(2005)의 주장이 비교적 타당한 것으로 보인다.

한편 '-시키-'는 대부분이 한자어 '하다' 체 동사와 결합한다. 본 연구는 21세기 세종계획 현대문어 형태분석 말뭉치를 대상으로 말뭉치 검색용 프로그램 '한마루'를 사용하여 '-시키-'를 포함하는 모든 형태를 1차적으로 추출한 다음 그에 대응하는 '하다' 체 형태가 『표준국어대사전』에 등록되어 있는 것만 2차적으로 추출하였다. '-시키-' 동사가 총 355개였고 그 중에서 선행요소가 '하다' 체 한자어 동사인 것이 316개였다.

이밖에 한국어에는 '-시키-'가 붙지 않아도 어휘 자체에 사동 의미를 함축하고 있는 '-하다' 체 동사가 있다. 다음 (45)가 바로 그러한 경우이다.

(45) 가. 기름 냄새가 내 후각을 자극했다.
　　　나. 자넨 지금 자꾸 저 사람들을 자극시키고 있어!

예문 (45)에서 확인할 수 있듯이 '자극하다'는 '자극시키다'와 동일하다. 서원임(1974)는 서술성 명사라고 해서 모두 '-시키-'를 결합하면 사동사가 될 수 있는 것은 아닌데 어떤 명사는 '명사+하다'와 '명사+'-시키-'의 뜻이 같아서 반드시 사동사가 되었다고 보기 어렵다고 하였다. 김성주(2002)는 '하다' 체 동사와의 대응 관계에 따라 '-시키-' 동사를

'구경시키다' 류, '가동시키다' 류, '자극시키다' 류의 세 가지 유형으로 구분하였다. 그에 따르면 '구경시키다' 류는 앞에서 논의한 (43나), (44 나)의 '인식시키다', '성장시키다'처럼 '-시키-' 동사가 항상 대당 '하다' 체 동사의 사동사로 기능하는 유형이다. 그리고 '자극시키다' 류는 (45나) 처럼 '-시키-' 동사가 그에 대응하는 '하다' 체 동사와 동일한 의미를 갖는 유형이다. 유혜원(2012)는 최근 'X하다'가 'X시키다' 형으로 나타나 는 수가 점차 증가하는 추세에 있다고 하였다. 그에 따르면 'X하다'는 사동주의 행위 자체나 사동주에 초점이 놓이고 'X시키다'는 피사동주에 초점을 두어 피사동주를 변화시키려는 화자의 의도가 강조되는 것으로 해석할 수 있다. 이러한 해석은 어느 정도 타당하기는 하나 여기에는 다양한 요소가 작용하므로 외국어교육에서는 이러한 단어들의 의미 차이 에 대해 설명해주는 것이 쉽지 않다.

김성주(2002)의 '가동시키다' 류는 한편으로는 '구경시키다' 류의 '-시 키-' 동사와 같이 대응하는 '하다' 체 동사의 사동사로 기능하고 다른 한편으로는 '자극시키다' 류의 '-시키-' 동사와 같이 대당 '하다' 체 동사 와 동일한 의미를 갖는 유형이다. 다음 예문[2]이 그러한 유형이다.

(46) 가. 영희는 기계를 가동시켰다.
    나. 영희는 기계를 가동했다.
    다. 작업반장은 영희에게 기계를 가동시켰다.

(47) *작업반장은 영희에게 기계를 가동했다.

'가동시키다'는 한편으로는 (46나)의 '가동하다'와 동일한 논항 구조를 가지며 다른 한편으로는 (46다)에서와 같이 대당 '하다' 체 동사의 사동사로 기능한다.

---

2) 논의의 편의를 위해 김성주(2002)의 예문을 직접 인용하였다.

'가동시키다'가 '가동하다'의 사동사로도 쓰이고 있다는 증거는 (46다)와 (47)의 비교에서 알 수 있다. 즉 '가동시키다'는 가능하지만 '가동하다'는 불가능하다.

이렇게 볼 때 김성주의 세 가지 유형의 '-시키-' 동사는 모두 사동사로 간주될 수가 있고 그 중에서 '-시키-'와 동일한 논항 구조를 갖는 '하다' 체 동사는 해당하는 '-시키-' 동사와 의미적으로 다소 차이가 있는 것으로 보인다.

3.2.2. 통사적 사동문

본 연구에서는 (48나)와 같은 문장을 통사적 사동문이라고 지칭하였다.

(48) 가. 아이가 밥을 먹는다.
    나. 어머니는 아이에게 밥을 먹게 한다.

(48)에서 확인할 수 있듯이 (48나)는 새로운 주어 '어머니'가 등장하였고 주동문의 주어 '아이'와 목적어 '밥'은 각각 사동문의 간접목적어와 직접목적어가 되었으며 주동사 '먹다'의 어간에 '-게 하-'가 결합하여 사동 구성 '먹게 하다'가 생성되어 구성되었다. 물론 주동사가 자동사나 형용사이면 주동문에서 사동문으로 바뀐 후 통사구조가 다소 다르다. 이러한 사실은 다음 (49)와 (50)에서 확인할 수 있다. (49)는 주동사가 자동사인 경우이고 (50)은 주동사가 형용사인 경우이다.

(49) 가. 아이가 자란다.
    나. 적당한 식사가 아이를 자라게 한다.

(50) 가. 주변 사람들이 안타깝다.
    나. 신격호(辛格浩·77) 회장이 참석하지 않아 주변 사람들을 안타깝게
       했다.

사동문 (49나)의 '자라게 하다'는 자동사 '자라다'의 어간에 '-게 하-'가 결합하여 구성되었고 사동문 (50나)의 '안타깝게 하다'는 형용사 '안타깝다'의 어간에 '-게 하-'가 결합하여 구성되었다.

이와 같이 통사적 사동은 동사나 형용사에 의해 두루 선택된다. 통사적 사동은 '-이-' 류 접미사 사동에 비해 훨씬 생산적이다. 본 연구에서는 국립국어원에서 반포한 〈한국어 교육용 어휘 목록〉을 대상으로 동사와 형용사를 1차적으로 추출하고 그 중에서 뜻이 하나 이상인 12개의 어휘를 2차적으로 골라내었는데 통사적 사동은 모두 선택되었지만 접미사 사동은 선택되지 않는 경우가 많았다.

한편 통사적 사동에는 특수한 경우가 있다. 다음 (51)이 그것이다.

(51) 가. 같은 동포를 이간질하고 형제가 형제를 죽인다.
       나. (배후의) 하얀 손들이 같은 동포를 이간질하고 형제가 형제를
           죽이게 만들고 있다.

(51)에서 확인할 수 있듯이 사동문 (51나)의 주동문 (51가)는 '-이-' 류 접미사 사동문이고 (51나)의 '죽이게 하다'는 주동사 '죽이다'의 어간에 '-게 하-'가 붙어 구성된 것이다. 이는 '-이-' 류 접미사 사동이 갖고 있지 않는 특징이다. 이러한 사동문은 한국어에서 많이 찾아볼 수 있는데 김형배(1996)는 (51나)와 같은 문장을 한국어 사동문의 한 유형으로 간주하고 복합사동이라고 지칭하기도 하였다. 그러나 '-이-' 류 접미사 사동에는 이러한 결합이 가능하지 않다.

이밖에 한국어문법에서는 '-게 하-'의 성격에 있어서 논란이 많은데 이광호(1988), 김정대(1989, 1990)은 통사적 사동문을 보문의 일종으로 여겨 상위문과 내포문으로 분리하여 기술하는 입장을 취한다. 그것은 '-게 하-' 구성이 보여주는 여러 가지 통사적 현상 때문이다. 기존의

연구들에서는 흔히 부정의 범위, 부사의 수식 범위, 주체 높임 표현 '–시–'의 위치, 보조동사의 결합 여부 등의 통사 현상을 통해서 '하다'가 자립성이 있음을 보이고 이 구문이 통사적 구성임을 확인하고 있다.

다음 (52), (53), (54), (55)는 각각 문장 '할아버지는 영희에게 돈을 모으게 했다'의 부정의 범위, 부사의 수식 범위, 주체 높임 표현 '–시–'의 위치, 보조동사의 결합 여부를 고찰하기 위한 예문이다.

(52) 가. 할아버지는 영희에게 돈을 모으게 하지 않았다.
　　　나. 할아버지는 영희에게 돈을 모으지 않게 했다.

(53) 가. 할아버지는 영희에게 돈을 모으게 많이 했다.
　　　나. 할아버지는 영희에게 돈을 많이 모으게 했다.

(54) 가. 할아버지는 영희에게 돈을 모으게 하셨다.
　　　나. 할아버지는 영희에게 돈을 모으시게 했다.

(55) 가. 할아버지는 영희에게 돈을 모으게 해 보았다.
　　　나. 할아버지는 영희에게 돈을 모아보게 했다.

(53가)를 제외하고 모두 자연스럽다. 이는 통사적 사동 장치 '–게 하–'의 '하다'가 자립성이 있다는 뜻이기도 하다. 한편 (53가)가 자연스럽지 않다는 것은 '하다'가 완전한 자립성을 갖는 것이 아님을 알려준다. '하다'가 완전한 자립성을 갖는 것이 아니라는 사실은 (56)을 통해서 설명할 수도 있다.

(56) *할아버지는 영희에게 돈을 했다.

(56)은 '할아버지는'과 '하다'가 관련지어진 경우인데 비문이 되었다.[3]

이는 '모으게'와 '했다'가 나름대로 긴밀하게 결합된 구조임을 입증한다. 즉 '-게 하-'의 '하다'는 완전한 자립성을 갖고 있는 것이 아니다.

이밖에 통사적 사동문의 피사동주는 주격을 갖는다는 데에서 접미사 사동문과 차이를 보이기도 한다. 피사동주가 주격을 갖는다는 것은 동작의 주체가 된다는 뜻이기도 하다. 다음 (57)을 보자.

(57)   할아버지는 영희가 돈을 모으게 했다.

(57)에서 피사동주 '영희'는 동사 '모으다'로부터 '행위자'의 의미역을 받게 되어 이러한 의미역에 의해 '-가'라는 격이 배당된 것이다.[4]

이와 같이 통사적 사동문의 두 행동의 담당자는 형태적으로 분리되어 나타나기 때문에 피사동주는 '-게'의 선행동사로부터 주격을 부여받을 수 있다. 이에 반해 '-이-' 류 접미사 사동문은 두 행동의 담당자가 한데 어우러져 나타나므로 피사동주가 대격과 여격만 부여 받을 수는 있어도 주격은 부여받지 못한다.

마지막으로 직접사동과 간접사동의 문제이다. 혹자는 '-이-' 류 접미사 사동을 직접사동으로, 통사적 사동을 간접사동으로 보기도 하는데 이에는 많은 논란이 있다. 일반적으로 다음 (58나)와 같은 경우를 직접사동이라 한다.

(58)   가.   갓난아기가 옷을 입었다.
       나.   어머니는 갓난아기에게 옷을 입혔다.
       다.   *어머니는 갓난아기에게 옷을 입게 했다.

예문 (58가)에 대해서 (58나)는 대응하지만 (58다)는 대응하지 않는다.

---

3) 박병수(1995), 서정수(1987) 등은 이러한 이유로 통사적 사동문은 내포문을 갖는 문장이 아니라고 주장하기도 한다.

4) 이에 대한 자세한 논의는 Kang Young Se(1986)(이광호(1988)에서 재인용)을 참조.

그 이유는 피사동주가 스스로 행동을 할 수 없는 '갓난아기'이기 때문이다. 즉 '갓난아기'는 반드시 '어머니'가 직접 옷을 입혀줘야 한다. 따라서 (58나)는 직접사동문이다. 그러나 다음 (59나)는 접미사 사동문임에도 불구하고 직접사동이라고 하기 어렵다.

> (59) 가. 영희는 옷을 입었다.
> 나. 어머니는 영희에게 옷을 입혔다.
> 다. 어머니는 영희에게 옷을 입게 했다.

예문 (59)는 (58)의 '갓난아기'를 '영희'로 바꾼 것이다. 만약 '영희'가 스스로 행동을 할 수 없는 상황이라면 (58)과 동일한 경우이므로 (59다)는 비문이 된다. 그러나 '영희'가 스스로 행동을 할 수 있는 상황이라면 (59나)와 (59다)는 모두 성립할 뿐만 아니라 (59나)는 간접사동일 수도 있고 직접사동일 수도 있다. 이러한 사실은 다음의 (60)을 통해서도 알 수 있다.

> (60) 가. 그는 여자 친구를 자기 옆에 앉혔다.
> 나. 누나는 아이를 오줌을 누이었다.
> 다. 승객을 태운 버스가 오고 있었다.

예문 (60)은 모두 접미사 사동문이다. 그러나 이들은 직접사동으로 볼 수 없는 것도 있다.

사동문 (60가)에서는 '앉히다'를 사용하였으므로 사동주인 '그'가 피사동주인 '여자 친구'를 안아서 앉혔을 수도 있고 '여자 친구'에게 '앉으라'고 말을 하여 앉혔을 수도 있다. 그러나 특수한 경우가 아니라면 실제로 안아서 앉혔다고 이해하는 독자는 거의 없을 것이다.

사동문 (60나)는 직접사동으로 보기가 매우 어렵다. 그 이유는 오줌을 누이는 동작은 '누나'가 '아이'가 오줌을 누도록 힘을 가하거나 대신 눌 수는 없는 것으로 오줌을 누는 사람은 결국 '아이'이기 때문이다.

사동문 (60다)는 '버스'가 사람처럼 움직여서 '승객'을 태운 것이 아닌 이상 직접사동이 될 수 없다. 따라서 (60다) 역시 직접사동으로 볼 수 없다.

따라서 '-이-' 류 접미사 사동문은 꼭 직접사동인 것은 아니다. 그렇다면 통사적 사동문은 꼭 간접사동이라고 할 수 있는가? 다음 (61)을 보자.

(61) 영희는 철수를 죽게 했다.

(62) 영희는 철수를 스스로 죽게 했다.

(63) 영희는 음주운전을 하여 철수를 죽였다.

독자는 예문 (61)을 (62)처럼 해석하는 것이 일반적이지만 상황에 따라서 (63)처럼 해석할 수도 있다. (62)처럼 해석한다면 '철수'는 스스로 죽은 것이 되므로 (61)은 간접사동문이고 (63)처럼 해석한다면 '철수'를 죽인 사람은 '영희'가 되므로 (61)은 직접사동문이다. 즉 (61)은 독자에 따라서 직접사동이 될 수도 있고 간접사동이 될 수도 있다. 통사적 사동이 직접사동을 나타낸다는 데 대해서는 박소은(2012)에서 자세히 논의되었다.[5]

결론적으로 '-이-' 류 접미사 사동문은 직접사동문이고 통사적 사동문은 간접사동문이라고 일반화하는 데는 많은 문제가 있으며 따라서 본 연구에서는 이와 같은 주장을 수용하지 않는다.

---

5) 박소은(2012)은 이러한 특성을 21세기 세종계획에서 구축한 〈현대 국어 구어 전사 말뭉치〉와 〈현대 국어 문어 전사 말뭉치〉에서 5천개의 문장을 대상으로 의미 유형을 확인하였으며 '-게 하-' 구문보다 사동 구문으로서의 쓰임이 적은 '-도록 하-', '-게 만들-' 구문은 3천 개, 그보다 쓰임이 더 적은 '-도록 만들-' 구문은 1천개의 문장을 대상으로 의미 유형을 확인하였는데 직접사동은 14.8%로 확인되었다.

3.2.3. 어휘적 사동문

본 장의 〈3.1. 사동문의 유형〉에서 논의한 바와 같이 본 연구에서는 (64나)와 같은 문장을 어휘적 사동문이라고 지칭하였다.

(64) 가. 영희는 학교에 간다.
　　 나. 엄마는 영희를 학교에 보낸다.

(64)에서 확인할 수 있듯이 사동문 (64나)는 새로운 주어 '엄마'가 등장하였고 (64가)의 주어가 사동문의 목적어가 되었으며 '가다'가 사동사 '보내다'로 바뀌어 구성되었다. (64나)가 사동문이 될 수 있는 것은 '보내다'가 사동 의미 즉 '가게 하다'의 의미를 갖고 있기 때문이다.

한국어에는 '보내다'처럼 어휘 자체에 사동의 의미를 함축하고 있는 동사가 많지 않은데 김형배(1996)에서는 이러한 동사로 '시키다, 조종하다, 보내다, 주다/끼치다, 없애다' 등을 제시하였다.

한편, 한국어에는 다음 (65)의 '그치다'처럼 동일한 형태의 동사가 경우에 따라 자동사나 타동사로 사용되는 경우가 있다.

(65) 가. 울음이 그쳤다.
　　 나. 아이가 울음을 그쳤다.

(65나)는 새로운 주어 '아이'가 등장하였고 (65가)의 주어가 사동문의 목적어가 되어서 구성되었다. (65나)는 사동사가 자동사와 타동사로 모두 쓰일 수 있다는 데에서 (64나)와 다르다. 본 연구에서는 (64나)와 같은 사동문을 '보내다' 류 사동문, (65나)와 같은 사동문을 '움직이다' 류 사동문이라고 지칭한다.

고영근(1986)에서는 '움직이다' 류 동사를 능격동사(사전에 [자·타]로 표시되어 있는 동사)라고 지칭하였으며 연재훈(1989)는 중립동사라고 지칭하였다. 연재훈(1989)에 따르면 이러한 동사는 형태 변화 없이 동일한 의미로 자동사문과 타동사문에 동시에 나타나며 타동사문의 주어가 사역주의 역할을 하기 때문에 타동사문을 '-게 하-' 사동 구문으로 환언하면 두 구문은 동의 관계를 보인다.

이은령 · 윤애선(2005) 역시 '움직이다' 류 동사를 중립동사라고 지칭하였으며 중립동사란 형태적으로 '동사 가운데 접사가 붙지 않고 그대로 자동사 또는 타동사로 양용되는 것'을 일컫는다고 하였다. 그러나 피동사가 목적어를 가져서 사동문과 동일한 논항 수를 갖는 경우6), 사동문을 이룰 수 있는 동사의 형태가 각각 동일 형태를 갖는 피동사와 사동사인 경우7), 사동문의 용언과 그에 대응하는 주동문의 용언 사이에 의미적으로 관련이 없는 경우8)에 대해서는 중립동사로 간주하지 않았다.

이은령 · 윤애선(2005)에서 제시한 한국어의 중립동사들은 다음과 같다.

[중립동사]
가속하다, 가시화하다, 감량하다, 개봉하다, 개시하다, 개원하다, 개화하다, 개회하다, 결속하다, 결집하다, 결합하다, 경과하다, 공산화하다, 과열하다, 그슬다, 그치다, 글썽이다, 기계화하다, 껌뻑거리다, 내리다, 내리쬐다, 내재하다, 덜커덩거리다, 멈칫하다, 멈추다, 몰살하다, 무장하다, 발산하다, 발아하다, 발진하다, 발현하다, 배가하다, 번쩍이다, 벌렁거리다, 부식하다, 부화하다, 부흥하다, 빛나가다, 뿌리내리다, 세계화하다,

---

6) 예문: 영희가 철수에게 손을 잡혔다.
7) '깃발이 날리다'와 '깃발을 날리다'의 경우로서 '날리다'는 각각 피동사와 사동사로 구별이 되므로 중립동사로 간주하지 않았다.
8) 예문: 가. 비가 그쳤다.
　　　 나. 하늘이 비를 그쳤다.
　　이은령 · 윤애선(2005)에 따르면 가)의 구문은 용인할 수 있으나 나)의 구문은 부자연스럽다. 자연현상을 두고 행위주를 구체화하여 밝히지 않기 때문이다. 따라서 여기에서의 '그치다'는 중립동사가 아니다.

세속화하다, 소멸하다, 수축하다, 움직이다, 이사하다, 일렁이다, 재군비하다, 접합하다, 증감하다, 증식하다, 지척거리다, 항해하다, 향상하다, 환원하다, 황폐화하다, 회전하다, 훈련하다, 휘다, 휴회하다, 흔들거리다

김윤신(2001:68~69)은 연구 대상으로 삼은 789개의 동사 중에서 중립동사는 대당 접미사 사동 형태가 존재하지 않는다고 하였는데 그에 따르면 이러한 중립동사는 다음과 같은 세 가지 특징이 있다. 첫째, 중립동사의 타동사 구문의 주어는 사동주의 역할을 한다. 둘째, 중립동사의 타동사 구문은 사동 구문과 동일한 의미 기능을 갖는다. 셋째, 중립동사의 타동사 구문은 '-게 하-' 사동 구문으로 의미의 변화 없이 환언할 수 있다. 즉 중립동사는 어휘 자체에 사동의 의미를 갖고 있다는 것이다.

제**4**장

중 · 한 사동문의 대조

제4장 중·한 사동문의 대조

2장과 3장에서는 본 연구에서 대상이 되는 사동문의 유형을 확정하였고 중국어와 한국어의 사동문 각각의 특징에 대해 분석하였다. 4장에서는 2장과 3장의 논의를 바탕으로 중국어와 한국어의 사동문을 대조하여 분석할 것이다.

고립어인 중국어에는 형태적 변화가 없기 때문에 '使'와 같은 동사를 사용하여 사동을 실현한다. 이러한 방법은 용언의 어간 뒤에 '-게 하-'가 결합하여 실현되는 한국어의 통사적 사동법과 매우 유사하다.

한국어에는 용언의 어근 뒤에 '-이-' 등 사동접미사가 붙어서 실현되는 접미사 사동법이 있다. 그러나 고립어인 중국어에는 이러한 사동법이 없다. 따라서 중국어에서는 한국어의 접미사 사동법과 유사한 사동법을 찾아보기 힘들다. 중국어가 고립어라는 사실을 고려하면 '使'와 같은 동사를 넣어서 실현하는 사동법과 한국어의 접미사 사동법을 대조의 대상으로 묶는 것이 합리적으로 보인다.

한편 중국어에는 '氣' 류 동사가 있는데 이는 어휘 자체에 사동의 의미를 함축하고 있다는 데에서 한국어의 '보내다' 류 동사와 매우 유사하다. 그리고 중국어에는 '結束' 류 동사가 있는데 이러한 동사는 자동사와 타동사로 모두 쓰일 수 있으며 타동사로 쓰일 때 사동의 의미를 갖는다는 데에서 한국어의 '움직이다' 류 동사와 매우 유사하다. 이밖에 중국어에는 '明確'과 같은 사동의 의미를 갖는 '兼類詞'가 있는데 이러한 단어는 한국어에서 찾아볼 수 없다.

따라서 본 연구에서는 중국인 학습자의 한국어 교육을 위하여 중국어와 한국어 사동문을 대조할 것이다. 즉 중국어의 '使' 자 사동문을 한국어의 통사적 사동문, 접미사 사동문과 각각 대조할 것이고 중국어의 '氣' 류 사동문을 한국어의 '보내다' 류 사동문과, 중국어의 '結束' 류 사동문을 한국어의 '움직이다' 류 사동문과 대조할 것이다. 그리고 '兼類詞' 사동문은 그 한국어 대응 형태를 살펴볼 것이다.

중국어의 '使' 자 사동문과 한국어의 통사적 사동문, 접미사 사동문의 대조에서는 우선 사동을 실현하는 장치의 형태를 대조할 것이다. 그리고 주동문에서 사동문으로 바뀌는 과정에서 어떠한 통사적 변화가 일어나는지를 논항의 수와 형태의 변화를 통해서 고찰하겠다. 아울러 사동주와 피사동주의 의미특질을 고찰할 것이며 사동주와 피사동주의 초점화에 대해 간단하게 살펴볼 것이다. 마지막으로 '使' 자 사동문, 통사적 사동문, 접미사 사동문이 완결사동에 해당하는지 아니면 미완결사동[1]에 해당하는지에 대해 고찰함으로써 다양한 사동문 사이의 의미를 분석할 것이다. 중·한 양 언어의 어휘적 사동문의 대조에서는 사동사의 유형, 사동주와 피사동주의 의미특질 그리고 완결사동과 미완결사동의 여부에 대해서 대조적으로 살펴볼 것이다.

4.1. '使' 자 사동문과 통사적 사동문, 접미사 사동문의 대조

4.1.1. 사동 장치의 형태

중국어 '使' 자 사동문에서 사동을 실현시키는 장치는 '使'와 같은 독립된 동사이며 한국어 '−게 하−' 사동문[2]에서 사동을 실현시키는 장치는

---

1) 피사동행위의 실현을 요구하는 사동을 완결사동, 피사동행위의 실현을 전제로 하지 않는 사동을 우리는 미완결사동이라 지칭한다. 이에 대한 논의는 김규철(1995), 박미정(2002), 이정택(2005)를 참조 바람.
2) 한국어의 통사적 사동 장치는 '−게/도록 하/만들−'이지만 논의의 편의를 위해서 '−게 하−'로 표기한다.

'-게 하-'이다. '-게 하-'는 어미 '-게'와 동사 '하-'의 결합 형태이다. 한국어 접미사 사동문에서는 사동이 접미사에 의해 실현된다. 이는 중국어는 고립어, 한국어는 교착어이기 때문인 것으로 사료된다.

중국어의 '使' 유형의 동사에 속하는 것에는 '使', '讓', '叫', '슈' 등이 있는데 그 중에서 '讓, 叫'는 같은 형태로 피동을 나타내기도 한다.

(66) 老虎讓/叫獅子咬了。
      호랑이가 사자에게 물렸다.

예문 (66)은 '讓, 叫'에 의해 피동문이 되었다. 이것은 한국어의 사동접미사 가운데 일부가 피동접미사로 기능하는 것과 매우 유사하다.[3] 한국어에는 이러한 사동사로 '(언니에게/동생이)안기다, (물에/언니라고)불리다, (아기에게 젖을/개에게) 물리다' 등이 있다.

이밖에 2장에서 논의한 바와 같이 중국어에서는 피사동주가 스스로 행동을 할 수 없는 주체인 경우에 '給'을 사용하는데 이는 '給'이 '주다'의 뜻을 갖고 있기 때문이다. 한국어에서도 피사동주가 스스로 행동을 할 수 없는 주체인 경우에는 접미사 사동을 사용한다.[4]

피사동주가 스스로 행동을 할 수 없다는 것은 피사동 행위에 대한 사동주의 개입이 매우 직접적임을 뜻한다. 따라서 이러한 사동문을 직접 사동이라 할 수 있다. 다시 말해서 중·한 양 언어 모두에 피사동주가 스스로 행동을 할 수 없음을 나타내는 사동문이 존재하는데 고립어인 중국어에서는 '給'에 의해, 한국어에서는 '-이-' 류 접미사 사동에 의해 직접사동의 의미가 표현될 수 있다.

---

3) 3장의 〈3.2.1. '-이-' 류 접미사 사동문〉을 참조 바람.
4) 3장의 〈3.2.1. '-이-' 류 접미사 사동문〉을 참조 바람.

4.1.2. 논항의 변화

논항의 변화는 논항 수의 변화와 논항 형태의 변화를 포함한다. 아래에서 이 두 가지에 대해 자세히 논의하도록 하겠다.

4.1.2.1. 논항 수의 변화

다음 〈표 1〉, 〈표 2〉, 〈표 3〉, 〈표 4〉을 통해서 중국어의 '使' 자 사동문과 한국어의 통사적 사동문, 접미사 사동문의 논항 수의 변화에 대해 대조를 진행하도록 하겠다.

〈표 1〉 '使' 자 사동문의 논항 수 변화표

주동사의 성격	예문
타동사	(11) 가. 他們要多吃幾個餃子。 ↓ 나. 這些使他們要多吃幾個餃子。
자동사	(12) 가. 他哭了。 ↓ 나. 我使他哭了。
형용사	(13) 가. 我開心。 ↓ 나. 這件事使我開心。

<표 2> 통사적 사동문의 논항 수 변화표

주동사의 성격	예문
타동사	(37) 가. 낙타가 물을 먹는다. ↓ 나. 그는 낙타에게 물을 먹인다.
자동사	(38) 가. 밑바닥에 남은 물기가 말랐다. ↓ 나. 싱그러운 바람이 밑바닥에 남은 물기를 말렸다.
형용사	(39) 가. 역전 우승의 가능성이 높다. ↓ 나. 박지은은 역전 우승의 가능성을 높였다.

<표 3> '-아' 류 접미사 사동문의 논항 수 변화표

주동사의 성격	예문
타동사	(48) 가. 아이가 밥을 먹는다. ↓ 나. 어머니는 아이에게 밥을 먹게 한다.
자동사	(49) 가. 아이가 자란다. ↓ 나. 적당한 식사가 아이를 자라게 한다.
형용사	(50) 가. 주변 사람들이 안타깝다. ↓ 나. 신격호(辛格浩·77) 회장이 참석하지 않아 주변 사람들을 안타깝게 했다.

주동사의 성격	예문
타동사	(43) 가. 그는 이 사실을 인식한다. ↓ 나. 우리는 그에게 이 사실을 인식시켜야 한다.
자동사	(44) 가. 국민의 민족의식이 성장했다. ↓ 나. 오랜 전쟁이 국민의 민족의식을 성장시켰다.

〈표 4〉, 〈표 5〉, 〈표 6〉, 〈표 7〉에서 보여주듯이 중국어의 '使' 자 사동과 한국어의 통사적 사동, '-이-'류 접미사 사동은 타동사, 자동사, 형용사에 의해 두루 선택될 수 있고 한국어의 '-시키-' 접미사 사동은 '하다' 체 한자어에 의해 선택된다. 그리고 중국어의 '使' 자 사동문과 한국어의 통사적 사동문, 접미사 사동문은 주동문에서 사동문으로 바뀐 후 모두 논항이 1개 증가하며 논항 수는 동일하다. 즉 주동사가 타동사인 경우 논항이 2개에서 3개로 늘고 자동사나 형용사인 경우 논항이 1개에서 2개로 는다.

4.1.2.2. 논항 형태의 변화

중국어 '使' 자 사동문은 주동문과 비교해 볼 때 논항 형태에 변화가 없다. 이는 중국어가 고립어이고 따라서 중국어에는 격 표지가 존재하지 않기 때문이다. 한국어의 통사적 사동문은 주동문과 비교해 볼 때 논항 형태의 변화가 아주 다양하다. 다음 예문들을 보자.

(67) 가. 철수가 밥을 먹는다.
　　　나. 영희가 철수(가, 를, 에게/한테, 로 하여금) 밥을 먹게 했다.

(68) 가. 철수가 학교에 간다.

　　　나. 영희가 철수(가, 를, 로 하여금) 학교에 가게 했다.

(69) 가. 벽이 높다.

　　　나. 철수가 벽을 높게 했다.

(70) 가. 철수가 밥을 먹는다.

　　　나. 영희가 철수(를, 에게/한테) 밥을 먹인다.

(71) 가. 철수가 죽었다.

　　　나. 영희가 철수를 죽였다.

(72) 가. 벽이 높다.

　　　나. 철수가 벽을 높인다.

　(67), (68), (69)는 통사적 사동문의 경우이고 (70), (71), (72)는 접미사 사동문의 경우이다.

　통사적 사동문에서는 주동문이 타동사 구문인 경우 피사동주에는 (67)처럼 '-가, -를, -에게(한테), -로 하여금' 등이 붙을 수가 있다. 주동문이 자동사 구문인 경우 피사동주에는 (68)처럼 '-가, -를, -로 하여금' 등이 붙을 수가 있으나 '-에게'는 붙을 수 없다. 그리고 주동문이 형용사 구문인 경우 피사동주에는 (69)처럼 '를'만 붙는다.

　접미사 사동문에서는 주동문이 타동 구문인 경우 (70)처럼 피사동주가 주격으로 실현될 수 없을 뿐만 아니라 '-로 하여금'도 붙을 수가 없다. 3장에서 논의된 바와 같이 통사적 사동 구성에서는 선행 용언과 '-게 하-'가 형태적으로 분리되어 나타나기 때문에 피사동주는 선행 용언으로부터 주격을 배당받을 수 있다. 그리고 '-로 하여금'의 용법을 확인하기 위해 본 연구에서는 21세기 세종계획에서 구축한 말뭉치를 대상으로 말뭉치 용례 간단 검색 도구를 사용하여 '-로 하여금'을 포함하는 문장 40개를 살펴보았는데 모두 통사적 사동문임이 확인되었다. 그리고 주동문이 자동사 또는 형용사 구문인 경우 (71), (72)처럼 피사동주가 대격으로 실현된다.

결과적으로 피사동주가 주격으로 실현되거나 '-로 하여금'이 붙을 수 있는 것은 주동문이 타동사 구문이거나 자동사 구문인 통사적 사동문에서만 가능하다. 주동문이 타동사 구문인 경우 한국어의 통사적 사동문과 접미사 사동문의 피사동주는 대격이나 여격으로 실현되고 주동문이 자동사나 형용사 구문인 경우 한국어의 통사적 사동문과 접미사 사동문의 피사동주는 대격으로만 실현된다.

이와 같이 한국어에서는 통사적 사동이냐 접미사 사동이냐에 따라서, 그리고 주동문이 타동사 구문이냐 자동사 구문이냐 형용사 구문이냐에 따라서 피사동주에 붙는 조사가 다양하게 변한다.

4.1.3. 사동주와 피사동주의 의미특질 대조

사동주와 피사동주는 크게 [-유정성]의 성격을 띠는 경우와 [+유정성]의 성격을 띠는 경우가 있다. 그리고 [-유정성]의 성격을 띠는 경우를 [무정물], [사건]의 두 가지로 나눌 수 있다. [사건]이라는 것은 사동주 또는 피사동주가 어떠한 사건인 경우를 말한다.

사동주가 [사건]의 의미특질을 갖는 경우 사동사건과 피사동사건 사이에는 원인과 결과의 관계가 성립하는 경우와 조건 관계가 성립하는 경우가 있다. 이는 결과적으로 사동주가 [-유정성]의 성격을 띠는 경우에 속하지만 사동사건과 피사동사건 사이의 관계에 대한 논의이므로 [기타]라는 항목에 넣어 마지막에 다루기로 한다.

4.1.3.1. 사동주의 의미특질 대조

중국어의 '使' 자 사동문의 사동주의 의미특질은 제1동사의 의미에 따라서 다소 다르다. 본 연구에서는 2장에서 추출한 192개의 '使'에 의한 사동문과 285개의 '讓'에 의한 사동문을 조사 대상으로 하여 사동주의 의미특질을 고찰하였는데 그 결과는 다음 〈표 5〉에서 제시한 바와 같다.

〈표 5〉 '使' 자 사동문의 사동주의 의미특질

사동문의 제1동사 / 사동주의 의미특질	使	讓
[−유정성]	177	3
[+유정성]	15	282
총수	192	285

〈표 5〉에서 확인할 수 있듯이 '使'에 의한 사동문의 사동주는 [−유정성]의 성격을 띠는 경우가 많고 '讓'에 의한 사동문의 사동주는 [+유정성]의 성격을 띠는 것이 많다. 한편 '使'에 의한 사동문의 사동주는 [사건]의 의미특질을 갖는 경우가 상당히 많은 것으로 확인되었다.

한국어의 경우 본 연구에서는 21세기 세종계획에서 구축한 말뭉치를 조사 대상으로 〈말뭉치 간단 검색〉 프로그램을 사용하여 한국어 통사적 사동문[5] 200개를 추출하여 사동주의 의미특질을 고찰하였는데 그 결과는 〈표 6〉에서 제시한 바와 같다.

---

5) '−게 하−'의 출현빈도가 가장 높았으므로 '−게 하−'에 의한 사동문에 한해서 조사하였다.

<표 6> 통사적 사동문의 사동주의 의미특질

사동주의 의미특질 ＼ 출현빈도	출현빈도
[−유정성]	164
[+유정성]	36
총수	200

<표 6>에서 확인할 수 있듯이 한국어의 통사적 사동문도 중국어의 '使' 자 사동문의 경우와 마찬가지로 사동주가 [−유정성]의 성격을 띠는 경우가 많다. 이는 통사적 사동문은 사동주의 피사동행위에 대한 참여도가 상대적으로 간접적이기 때문인 것으로 보인다.

한국어의 접미사 사동문은 '−이−' 류 사동문과 '−시키−' 사동문으로 구분하여 고찰하였다. '−이−' 류 접미사 사동문의 사동주의 의미특질을 고찰하기 위해 본 연구에서는 다음의 사동사를 포함하는 예문을 모두 살펴보았다.6)

'−이−' 류 접미사 사동사7):

'−이−' 계: 총 82개
(아이를 침대에) 누이다/눕히다, (오줌을) 누이다, (생모시를) 누이다, (떡을 불 위에 놓아) 눅이다, (마음을) 눅이다, (구두를) 닦이다, (쏟아진 물을) 닦이다, 드높이다, (구덩이를) 깊이다, (사고를) 깊이다, 깎이다, 핥이다, 욱이다(옥이다), 박이다, (돌을) 삭이다, (분을) 삭이다, (기침

─────────────

6) 『표준국어대사전』과 21세기 세종계획에서 구축한 예문을 조사 대상으로 삼았다.
7) 양정석(1995:149~150)에서 제시한 접미사 사동사 중에서 『표준국어대사전』에 '사동사'로 표기되어 있지 않는 것은 제외하였으며, 동일 형태의 사동사라고 하더라도 그 의미에 따라 사동주와 피사동주의 의미특질이 다르기 때문에 『표준국어대사전』의 예문을 참조하여 사동사로 쓰일 때의 다양한 의미를 모두 밝혔다.

을) 삭이다, (속을) 썩이다, (사진첩을) 보이다, (친구에게 눈치를) 보이다, (욕을) 보이다, (선을) 보이다, (우표를) 붙이다, (불을) 붙이다, (조건을) 붙이다, (뿌리를) 붙이다, (각주를) 붙이다, (간호사를) 붙이다, (다리에 힘을) 붙이다, (이름을) 붙이다, (흥미를) 붙이다, (사람을) 붙이다, (목숨을) 붙이다, (흥정을) 붙이다, (교미를) 붙이다, (짝을) 붙이다, (집을) 줄이다, (시간을) 줄이다, (소리를) 줄이다, (살림을) 줄이다, (물감을) 들이다, (장가를) 들이다, (손님을) 들이다, (볕을) 들이다, (장롱을 안방에) 들이다, (일꾼을) 들이다, (노력을) 들이다, (취미를) 들이다, 높이다, 기울이다, (굶겨) 죽이다, (불을) 죽이다, (배추를 소금물에 담가 숨을) 죽이다, (성질을) 죽이다, (기억을) 죽이다, (팽이를) 죽이다, (장기 둘 때 차를) 죽이다, (계약을) 죽이다, (설명서를) 덧붙이다, (식구를) 덧붙이다, (물을) 끓이다, (속을) 끓이다, (밥을) 먹이다, (겁을) 먹이다, (욕을) 먹이다, (뇌물을) 먹이다, (골을) 먹이다, (주먹을) 먹이다, (옷에 풀을) 먹이다, (머리를) 숙이다, (기세를) 숙이다, 속이다, (눈을) 녹이다/녹히다, (쇠를) 녹이다/녹히다, (몸을) 녹이다/녹히다, (마음을) 녹이다/녹히다, (사람을) 녹이다/녹히다, (세제를) 녹이다/녹히다, (옷을) 물들이다, (마음을) 물들이다, 길들이다, 졸이다

'-히-'계: 총 45개
늙히다, 더럽히다, 맑히다, 입히다, (밥물을) 잦히다, (고개를) 잦히다, (방을) 묵히다, (술을) 묵히다, 묽히다, 삭히다, (음식을) 썩히다, (재능을) 썩히다, (감옥에 넣어) 썩히다, 업히다, 밝히다, (연필을) 잡히다, (머슴들에게 돼지를) 잡히다, (콘크리트를) 굳히다, (얼굴을) 굳히다, 묻히다, (콩을) 익히다, (고기를) 익히다, (김치를) 익히다, (거름을) 익히다, (구상을) 익히다, (영토를)를 넓히다, (견문을) 넓히다, 괴롭히다, 좁히다, 읽히다, (아이를) 앉히다, (안채를 동남쪽에) 앉히다, (옷에 때를) 앉히다, (배추에 속을) 앉히다, (끓인 물을) 식히다, (열정을) 식히다, (땀을) 식히다, (찌꺼기를) 가라앉히다, (흥분을) 가라앉히다,

(목소리를) 가라앉히다, (답을) 맞히다, (비를) 맞히다, (여자에게 바람을) 맞히다, (주사를) 맞히다, (화살을) 맞히다

'-리-'계: 총 78개
둥글리다, (야채를) 곯리다, (속을) 곯리다, (배를) 곯리다, (껍질을) 까불리다, 꿇리다, (물을) 발리다, (일꾼에게 밤을) 발리다, (옷을) 빨리다, (젖을) 빨리다, 쓸리다, 아물리다, 얼리다, 엇돌리다, (값을) 올리다, (성과를) 올리다, (연기를) 올리다, (사업을 궤도에) 올리다, (고기를 도마에) 올리다, (남의 이야기를 함부로 입에) 올리다, (호적에) 올리다, (짐을) 올리다, 걸리다, (바짓단을) 늘리다/늘우다, (학생 수를) 늘리다/늘우다, (세력을) 늘리다/늘우다, (실력을) 늘리다/늘우다, (살림을) 늘리다/늘우다, (시간을) 늘리다/늘우다, (노래를) 들리다, (짐을) 들리다, (사람을) 살리다, (불씨를) 살리다, (바탕색을) 살리다, (기를) 살리다, (고장 난 시계를) 살리다, (장기 둘 때 차를 죽이고 대마를) 살리다, (정의를) 살리다, (팽이를) 돌리다, (녹음기를) 돌리다, (주위를) 돌리다, (몸을) 돌리다, (관심을) 돌리다, (현장으로만) 돌리다, (종이비행기를) 날리다, (아기를) 울리다, (대야를) 울리다, (벨을) 울리다, (배를) 불리다, (살림을) 불리다, (미역을) 불리다, (노래를) 불리다, (범인에게 죄상을) 불리다, 알리다, (빨래를) 말리다, (목을) 말리다, (사람을) 말리다, (샘물을) 말리다, (돈을) 말리다, (애정을) 말리다, (담배를) 말리다, (짐을) 실리다, (칼을) 갈리다, (먹을) 갈리다, (일꾼에게 밭을) 갈리다, (가지를 쪄서) 물리다, (책을) 물리다, (바둑 한 수를) 물리다, (담배를) 물리다, (치료비를) 물리다, (세금을) 물리다, 딸리다, (하루를) 놀리다, (손발을) 놀리다, 굴리다, (목숨을) 되살리다, (전통을) 되살리다, (기억을) 되살리다

'-기-'계: 총 27개
(임무를) 맡기다, (신분증을) 맡기다, 굶기다, 웃기다, 빗기다, 신기다, 씻기다, 얼넘기다, (말을) 옮기다, (전공을) 옮기다, (감기를) 옮기다,

(아이를) 남기다, (음식을) 남기다, (이름을) 남기다, (빚을) 남기다, (마흔 살을)넘기다, (위기를) 넘기다, (밥물을) 넘기다, (위로) 넘기다, (아기를) 안기다, (손해를) 안기다, (알을) 안기다, (희망을) 안기다, 숨기다, (눈을) 감기다, (머리를) 감기다, (실을) 감기다

'-우-'계: 총 58개

깨우다, (화를) 돋우다, (입맛을) 돋우다, 되씌우다, 뒤세우다, (강물에 배를) 띄우다, (아이들을) 띄우다, (돈을) 띄우다, (누룩을) 띄우다, (배차 간격을) 띄우다, (나무 심을 때 간격을) 띄우다, (그릇을) 비우다, (시간을) 비우다, (마음을) 비우다, (몸을) 세우다, (계책을) 세우다, (질서를) 세우다, (기계를) 세우다, (줄을) 세우다, (팻말을) 세우다, (학교를) 세우다, (차를) 세우다, (체면을) 세우다, (왕으로) 세우다, (돼지를) 살찌우다, (독서를 통해 정서를) 살찌우다, (모자를) 씌우다, (생크림을) 씌우다, (혐의를) 씌우다, 안태우다, (아이를) 앞세우다, (눈물을) 앞세우다, (아들을 앞세우고 비탄에 빠져 있다할 때) 앞세우다, (아기를) 잠재우다, (기계들을) 잠재우다, (소문을) 잠재우다, (솜을) 잠재우다, (빈자리를) 채우다, (기한을) 채우다, (욕심을) 채우다, (수갑을) 채우다, 키우다, (쓰레기를) 태우다, (햇볕에 몸을) 태우다, (밥을) 태우다, (마음을) 태우다, (상을) 태우다, (쌀 한 말을 태우는 놀음할 때 태우다)태우다, (가르마를) 태우다, (콩을) 태우다, (거문고를) 태우다, (간지러움을) 태우다, (솜을) 태우다, (벽을) 틔우다, (가슴을) 틔우다, (말문을) 틔우다, (기침으로 목을) 틔우다, (거래를) 틔우다

'-추-'계: 총 7개

(몸을) 낮추다, (온도를) 낮추다, (수준을) 낮추다, (목소리를) 낮추다, (시계를) 늦추다, (기한을) 늦추다, (속력을) 늦추다

본 연구에서는 위에서 제시한 총 297개의 '-이-' 류 접미사 사동사를 서술어로 하는 문장을 조사 대상으로 사동주의 의미특질을 고찰하였는데

그 결과는 다음 〈표 7〉에서 제시한 바와 같다.

〈표 7〉 '-이-' 류 접미사 사동문의 사동주의 의미특질

사동주의 의미특질 ＼ 출현빈도	출현빈도
[−유정성]	33
[+유정성]	264
총수	297

〈표 7〉에서 확인할 수 있듯이 '−이−' 류 접미사 사동문의 사동주는 [+유정성]의 성격을 띠는 경우가 많다. 이는 '−이−' 류 접미사 사동문은 사동주의 피사동행위에 대한 참여도가 상대적으로 직접적이기 때문인 것으로 보인다.

'−시키−' 사동문의 사동주의 의미특질을 고찰하기 위해 본 연구에서는 21세기 세종계획에서 구축한 '현대 문어 형태 분석 말뭉치'를 조사 대상으로 '−시키−' 사동문 200개를 추출하여 사동주의 의미특질을 고찰하였는데 그 결과는 다음 〈표 8〉에서 제시한 바와 같다.

〈표 8〉 '-시키-' 접미사 사동문의 사동주의 의미특질

사동주의 의미특질 ＼ 출현빈도	출현빈도
[−유정성]	147
[+유정성]	53
총수	200

〈표 8〉에서 확인할 수 있듯이 한국어의 '−시키−' 접미사 사동문의

사동주 역시 [-유정성]의 성격을 띠는 경우가 다수를 차지한다.

지금부터 사동주의 의미특질을 크게 [-유정성]의 성격을 띠는 경우, [+유정성]의 성격을 띠는 경우로 나누고 전자는 [무정물], [사건]의 두 가지로 세분화하여 자세히 분석하도록 하겠다.

A. [-유정성]

앞에서 논의한 바와 같이 중국어 '使' 자 사동문, 한국어의 통사적 사동문, '-시키-' 접미사 사동문의 사동주는 [-유정성]의 성격을 띠는 경우가 많다. 이에 반해 '-이-' 류 접미사 사동문의 사동주는 [+유정성]의 성격을 띠는 경우가 많다.

우선 다음 (73)을 통해서 중국어 '使' 자 사동문의 사동주가 [무정물]의 의미특질을 갖는 경우에 대해 분석하도록 하겠다.

(73) 가. 這並沒有使小譚疏遠他。

　　　　　이는 결코 소담으로 하여금 그를 멀리하게 하지 않았다.

　　나. 輔助木橋可以使交通不至於完全斷絕。

　　　　　보조다리는 교통이 완전히 차단되지 않게 할 수 있다.

(73)의 사동주 '這, 輔助木橋'는 [무정물]의 의미특질을 갖는다. 이에 반해 다음 (74)의 사동주는 [관형어+무정물]의 의미특질을 갖는다.

(74) 가. 指導員的話使大家更加激動。

　　　　　지도원의 말은 모두를 더 감격하게 한다.

　　나. 這點悲哀使我感到空虛, 好象身子懸在空中似的。

　　　　　이까짓 슬픔이 나를 허전하게 만들어 마치 허공에 떠 있는 것만 같다.

　　다. 頭一口涼氣, 使他們快意地顫抖了一下。

처음으로 들이마신 찬 기운이 그들을 기분 좋은 나머지 떨게 했다.

라. 這個悅耳的名字使我感到親切,舒服。

이 듣기 좋은 이름이 나를 친절하고 마음이 편하게 한다.

마. 你這話真讓我慚愧。

너의 이 말이 정말 나를 창피하게 하는 구나.

바. 祁老人的誠意歡迎, 使李四爺心中痛快了一點。

치영감의 성의 있는 환영은 이영감으로 하여금 조금 즐겁게 했다.

(74)의 '話, 悲哀, 涼氣, 名字, 話, 歡迎'은 모두 [무정물]의 의미특질을 갖는다. 한편 이들은 모두 관형어와 결합하였을 때 전체 문장이 완정한 의미를 나타낼 수 있다. 즉 (74가)의 '話'는 관형어 '指導員的'과, (74나)의 '悲哀'는 관형어 '這點'과, (74다)의 '涼氣'는 관형어 '頭一口'와, (74라)의 '名字'는 관형어 '這個悅耳的'과, (74마)의 '話'는 관형어 '你這'와, (74바)의 '歡迎'은 관형어 '祁老人的誠意'와 결합해야만 전체 문장이 완정한 의미를 나타낼 수가 있다. 따라서 (74)의 사동주는 '指導員的話, 這點悲哀, 頭一口涼氣, 這個悅耳的名字, 你這話, 祁老人的歡迎'이다.

다음 (75)에서 확인할 수 있듯이 관형어를 생략하면 완정한 문장이라고 하기 어렵다.

(75) 가. 話使大家更加激動。

나. 悲哀使我感到空虛, 好象身子懸在空中似的!

다. 涼氣, 使他們快意地顫抖了一下。

라. 名字使我感到親切,舒服。

마. 話真讓我慚愧。

바. 歡迎, 使李四爺心中痛快了一點。

(75)는 (74)의 문장에서 관형어를 모두 생략한 것인데 완정한 문장이라고 하기 어렵다.

이어 다음 (76)을 통해서 한국어 통사적 사동문의 경우를 보도록 하겠다.

(76) 가. 해군 357함은 대북정책을 둘러싼 이른바 '남–남 갈등'을 다시
　　　한번 수면위로 떠오르게 했다.
　　나. 햇볕정책은 남한을 병들게 하는 만병의 원인이 되고 있다.
　　다. 고가구와 장식품들이 우리에게 이국적인 분위기를 느끼게 한다.
　　라. 한일어업협상이 정부를 어려운 입장에 처하게 했다.

(76)의 사동주 '해군 357함은, 햇볕정책은, 고가구와 장식품들이, 한일
어업협상이'는 모두 [무정물]의 의미특질을 갖지만 다음 (77)은 다르다.

(77) 가. 금융사에 제일 잘 나가던 은행이 외국자본에 넘겨지는 현실은
　　　냉혹감마저 느끼게 한다.
　　나. 이런 석연치 않은 대목이 우리를 더욱 찜찜하게 만드는 것이다.
　　다. 적극적으로 받아들여서 자신의 것으로 만들어가는 여유와
　　　순수한 열정이 사회적 통합을 쉽게 만들고 있다.
　　라. 정부의 각종 시장안정대책도 강남 시장의 매력을 돋보이게 한다.
　　마. 붉은 악마의 응원은 세계인을 놀라게 했다.

(77)의 '현실, 대목, 여유와 열정, 시장안정정책, 응원'은 모두 [무정물]
의 의미특질을 갖는다. 한편 이들은 관형어 '금융사에 제일 잘 나가던
은행이 외국자본에 넘겨지는, 이런 석연치 않은, 적극적으로 받아들여서
자신의 것으로 만들어가는, 정부의 각종, 붉은 악마의'와 결합해야만
진정한 사동주의 역할을 수행할 수 있다. 따라서 (77)의 사동주는 '금융사
에 제일 잘 나가던 은행이 외국자본에 넘겨지는 현실은, 이런 석연치
않은 대목이, 적극적으로 받아들여서 자신의 것으로 만들어가는 여유와
순수한 열정이, 정부의 각종 시장안정정책도, 붉은 악마의 응원은'이다.
　이어 다음 (78)을 통해서 한국어의 '–이–'접미사 사동문의 경우를 보겠다.

(78) 가. 이삿짐이 방안을 가득 채우고 있다.
　　　나. 도시 문명은 녹색을 죽이고 있다.
　　　다. 〈위기이론〉은 과학의 위치를 드높였다.
　　　라. 무더위가 훈련 중인 선수들을 괴롭혔다.

(78)의 사동주 '이삿짐이, 도시 문명은, 〈위기이론〉은, 무더위가'는 모두 [무정물]의 의미특질을 갖는다. 그러나 다음 (79)는 사동주가 [관형어+무정물]의 의미특질을 갖는다.

(79) 가. 무슨 일이 생길 것 같은 낯선 목소리가 나를 깨운다.
　　　나. 그동안 입시에서 병폐로 지적돼온 성적 중심의 선발방식을
　　　　　 다양화하겠다는 취지가 공감대를 넓혔다.

(79)의 '목소리, 취지'는 모두 [무정물]의 의미특질을 가지며 이들은 각각 관형어 '무슨 일이 생길 것 같은 낯선, 그동안 입시에서 병폐로 지적돼온 성적 중심의 선발방식을 다양화하겠다는'을 필수 성분으로 요구하고 있다. 따라서 (79)의 사동주는 '무슨 일이 생길 것 같은 낯선 목소리가, 그동안 입시에서 병폐로 지적돼온 성적 중심의 선발방식을 다양화하겠다는 취지가'이다.

　마지막으로 다음 (80)을 통해서 한국어 '-시키-' 사동문의 경우를 보도록 하겠다.

(80) 가. 항공사들은 셔틀버스를 운행해 국제선 승객들을 이동시켰다.
　　　나. 삼성그룹이 최근 대규모의 여성 전문 인력 모집 공고를 내어
　　　　　 관심을 집중시키고 있다.
　　　다. 스트레스는 관절과 근육을 비정상적으로 긴장시켜 통증을
　　　　　 일으킨다.

라. 한국과 미국은 오는 5일까지 통상 산업 협력 위원회를 정식 발족시키기로 했다.

마. 증권업협회는 상상 기업 대주주들을 참여시키는 방안도 마련 중인 것으로 알려졌다.

(80)의 사동주 '항공사들은, 삼성그룹이, 스트레스는, 한국과 미국은, 증권업협회는'은 모두 [무정물]의 의미특질을 갖지만 관형어를 필수 성분으로 요구하지 않았다. 다음 (81)은 사동주가 [관형어+무정물]의 의미특질을 갖는 경우이다.

(81) 가. 경찰의 삼엄한 경비는 끔찍한 사건을 상기시켜주었다.

나. 광대역 종합정보통신망의 도래는 통신사업자 간에 치열한 경쟁을 유발해 새로운 연합 회사 등을 출현시킬 것이다.

(81)의 '경비, 도래'는 모두 [무정물]의 의미특질 갖고 이들은 관형어 '경찰의 삼엄한, 광대역 종합정보통신망의'와 결합해야만 진정한 사동주의 역할을 할 수 있다. 즉 (81)의 사동주는 '경찰의 삼엄한 경비는, 광대역 종합정보통신망의 도래는'이다.

이와 같이 중국어 '使' 자 사동문은 한국어 통사적 사동문, '-시키-' 접미사 사동문과 함께 사동주가 [-유정성]의 성격을 띠는 경우가 다수를 차지한다. 이에 반해 '-이-' 류 접미사 사동문은 사동주가 [+유정성]의 성격을 띠는 경우가 많다. 한편 중국어 '使' 자 사동문, 한국어 통사적 사동문, 접미사 사동문은 모두 사동주가 [무정물]의 의미특질을 갖는 경우와 [관형어+무정물]의 의미특질을 갖는 경우가 있다.

B. [사건]

이는 사동주가 [사건]의 의미특질을 갖는 경우이다. 이러한 사동문은 어떠한 사건이 어떠한 행동의 변화나 상태의 변화를 가져오게 한다는 의미를 표현한다.

우선 중국어 '使' 자 사동문의 경우를 보자.

(82) 가. 伸出胖手指足以使人笑上半天。
　　　　　살찐 손가락만 내밀어도 사람들을 반나절 웃게 만든다.
　　　나. 開開窗戶使空氣流通一些。
　　　　　창문을 열어 공기를 유통시켜라.

(82)의 사동주는 모두 [사건]의 의미특질을 갖는다. (82가)에서는 '伸出胖手指'라는 사건이 '人笑上半天'이라는 피사동사건을 유발하게 되고 (82나)에서는 '開開窗戶'라는 사건이 '空氣流通'이라는 피사동사건을 유발하게 된다.

이러한 문장은 흔히 사동사건과 피사동사건 사이에 원인과 결과의 관계가 성립하는 것으로 간주되기 쉬운데 과연 그러한지 (82)를 다음 (83)처럼 인과관계의 표지 '所以'를 넣은 문장으로 고쳐 써 보자.

(83) 가. *伸出胖手指足以所以使人笑上半天。
　　　나. *開開窗戶所以使空氣流通一些。

(83)에서 확인할 수 있듯이 (82)를 인과관계의 표지 '所以'를 넣은 문장으로 바꾸면 비문이 된다. 따라서 (82)의 문장들은 사동사건과 피사동사건 사이에 원인과 결과의 관계가 성립하는 것으로 볼 수 없다. 이러한 경우의 '使' 자 사동문은 어떠한 사건이 어떠한 행동의 변화 또는 상태의 변화를 가져오게 하였다는 의미를 나타낸다.

한국어의 통사적 사동문에도 이러한 경우가 있다. 다음 (84)를 보자.

(84) 체중감소는 지난 해 그녀가 얼마나 고생을 했는지 짐작케 한다.

(84)의 사동주 '체중감소'는 [사건]의 의미특질을 갖는다. (84)에서는 '체중감소'라는 사건이 피사동주로 하여금 '지난해 그녀가 얼마나 고생을 했는지 짐작케 한다'라는 결과를 가져오게 했다. 그러나 (84)의 사동사건과 피사동사건 사이에는 원인과 결과의 관계가 성립하지 않는다. 이러한 사실은 (84)를 (84′)로 고쳐 씀으로써 확인할 수 있다.

(84′) *체중감소 때문에 지난 해 그녀가 얼마나 고생을 했는지 짐작케 한다.

(84′)는 (84)의 사동사건과 피사동사건 사이에 원인을 나타내는 표지인 '-때문에'를 넣은 문장으로 바꾼 것이다. (84′)에서 확인할 수 있듯이 문장이 비문이 되었다. 따라서 (84)의 사동사건과 피사동사건 사이에는 원인과 결과의 관계가 성립하지 않는다.

한국어의 접미사 사동문 역시 사동주가 [사건]의 의미특질을 갖는 경우가 있다. 다음 (85)를 보자.

(85) 가. 사업 실패는 그에게 큰 절망을 안기고 말았다.
      나. 특히 대미 통상과 UN협상 과정에서 나타났던 시행착오와
          빈번한 전략 수정이 그런 의심을 증폭시켰다.

(85가)는 '-이-' 류 접미사 사동문이고 (85나)는 '-시키-' 접미사 사동문이다. (85)에서는 사동주 '사업 실패는, 특히 대미 통상과 UN협상 과정에서 나타났던 시행착오와 빈번한 전략 수정이'가 피사동주로 하여금 각각 '큰 절망을 안기고 말았다, 그런 의심이 증폭되었다'라는 결과를

가져오게 하였다. (85)를 다음 (85′)로 고쳐 썼을 때 비문이 된다.

(85′) 가. *사업 실패 때문에 그에게 큰 절망을 안기고 말았다.
    나. *특히 대미 통상과 UN협상 과정에서 나타났던 시행착오와
        빈번한 전략 수정 때문에 그런 의심을 증폭시켰다.

(85′)에서 확인할 수 있듯이 (85)에 원인을 나타내는 표지 '-때문에'를 넣으면 비문이 된다. 따라서 (85)의 사동사건과 피사동사건 사이에는 원인과 결과의 관계가 성립하지 않는다.

이와 같이 중국어 '使' 자 사동문의 사동주는 [사건]의 의미특질을 갖는 경우가 상당히 많다. 이에 반해 한국어의 사동문은 사동주가 [사건]의 의미특질을 갖는 경우가 많지 않다. 특히 한국어의 '-이-' 류 접미사 사동문에서는 그러한 경우를 찾아보기가 힘들다. 이는 한국어의 접미사 사동문은 사동주의 피사동행위에 대한 참여도가 상대적으로 직접적이라는 사실을 보여주기도 한다. 왜냐하면 사동주가 어떠한 사건인 경우 피사동행위에 대한 참여도가 상대적으로 간접적일 수밖에 없기 때문이다.

한편 중국어의 '使' 자 사동문의 사동주가 [사건]의 의미특질을 갖는 경우 사동사건과 피사동사건 사이에는 모두 원인과 결과의 관계가 성립하지 않는다.

C. [+유정성]

다음 (86)을 통해서 중국어의 '使' 자 사동문의 경우를 보도록 하겠다.

(86) 가. 張太尉使奴廝兒慶童請俊。
    장태위는 하인 경동에게 왕군을 데려오게 했다.

나. 他確實讓父母自豪。

그는 부모로 하여금 자랑스럽게 한다.

다. 你太讓我失望了。

너는 정말 나를 실망하게 만든다.

라. 李白玲讓司機駛往另一方向。

이백령은 기사를 다른 쪽으로 가게 했다.

마. 總經理讓我等幾天。

경리는 나를 며칠 기다리게 했다.

(86)의 사동주 '張太尉, 他, 你, 李白玲, 總經理'는 모두 [유정물]의 의미특질을 갖는다. (86가)의 사동주 '張太尉'는 피사동주 '慶童'으로 하여금 '請俊'이라는 행동을 하도록 시켰고 (86나)의 사동주 '他'는 피사동주 '父母'로 하여금 '自豪'하는 상태의 변화를 가져오게 하였으며 (86다)의 사동주 '你'는 피사동주 '我'로 하여금 '失望'이라는 결과를 가져오게 하였으며 (86라)의 사동주 '李白玲'은 피사동주 '司機'로 하여금 '駛往另一方向'이라는 행동의 변화를 가져오게 하였고 (86마)의 사동주 '總經理'는 피사동주 '我'로 하여금 '等幾天'이라는 결과를 가져오게 했다.

이어 다음 (87)을 통해서 한국어 통사적 사동문의 경우를 보도록 하겠다.

(87) 가. 주인들은 개들에게 대소변도 길에서 보게 했다.

나. 히딩크는 세계를 놀라게 했다.

다. 클린턴 대통령은 미국시민들을 깜짝 놀라게 했다.

라. 그는 개방적이어서 제자들의 마음을 편하게 한다.

(87)의 '주인들, 히딩크, 클린턴 대통령, 그'는 모두 [유정물]의 의미특질을 가지며 이들은 관형어의 수식을 받지 않아도 전체 문장이 완정한 의미를 나타낸다. 따라서 (86)의 사동주는 '주인들은, 히딩크는, 클린턴 대통령은, 그는'이다. 한편 예문 (86)에서도 확인할 수 있듯이 중국어에서는

사동주가 [유정물]의 의미특질을 갖는 경우 일반적으로 '讓'에 의한 사동문을 사용한다. 이에 반해 한국어에서는 다음 (88)처럼 '-이-' 류 접미사 사동문을 사용하는 것이 일반적이다.

(88) 가. 범죄조직이 정씨에게 알약을 먹였다.
　　 나. 그들은 민족이나 국가를 떠나서 인류 전체의 것으로 상상력의 폭을 넓혔다.
　　 다. 그는 주위 사람들에게 자신의 신분을 속였다.
　　 라. 모기는 뇌염을 살아 있는 생명체로 옮기는 주범이다.
　　 마. 어머니는 우는 아이에게 사탕을 물리고 달랬다.
　　 바. 마르티나졸리는 부패 관련 소속 의원들을 고립시켰다.

(88가)~(88마)는 '-이-' 류 접미사 사동문이고 (88바)는 '-시키-' 접미사 사동문이다. (88)의 사동주 '범죄조직이, 그들은, 그는, 모기는, 어머니는, 마르티나졸리는'은 모두 [유정물]의 의미특질을 갖는다. 한국어에서는 사동주가 [유정물]의 의미특질을 갖는 경우 '-이-' 류 접미사 사동문을 사용하는 것이 일반적이다. 다음 (89)는 '-이-' 류 접미사 사동문의 사동주가 [관형어+유정물]의 의미특질을 갖는 경우이다.

(89) 사람다운 사람은 길을 넓힐 수도 있다.

(89)의 '사람'은 [유정물]의 의미특질을 띠는데 관형어 '사람다운'과 결합하였을 때 전체 문장이 완정한 의미를 나타낼 수 있다. 즉 (89)의 사동주는 '사람다운 사람은'이다.

이와 같이 사동주가 [+유정성]의 성격을 띠는 경우 중국어에서는 '讓'에 의한 사동문을, 한국어에서는 '-이-' 류 접미사 사동문을 사용하는 것이 일반적이다. 한편 '讓'에 의한 사동문과 '-이-' 류 접미사 사동문의 사동주는 모두 [유정물]의 의미특질을 갖는 경우가 많다.

D. 기타

여기에서는 사동사건과 피사동사건 사이에 원인과 결과의 관계가 성립하는 경우와 조건관계가 성립하는 경우가 포함된다. 아래에서 이 두 가지 경우에 대해 자세히 분석하도록 하겠다.

a. 원인과 결과의 관계가 성립하는 경우

중국어의 '使' 자 사동문은 다음 (90)처럼 사동사건과 피사동사건 사이에 원인과 결과의 관계가 성립하는 경우가 있다.

(90) 가. 風不多, 也不大, 而且暖中透涼, 使人們覺得爽快。
　　　　　바람이 많지 않고 크지도 않을 뿐만 아니라 따뜻한 가운데 서늘한
　　　　　기운 또한 있어 사람들로 하여금 마음이 상쾌해지게 한다.
　　　나. 色味雙美, 使人們要多吃幾個餃子。
　　　　　맛과 색이 모두 아름다우니 사람들로 하여금 물만두를 몇 개
　　　　　더 먹으려고 하게 만든다.

(90)에서는 사동주가 모두 생략되었고 생략된 사동주는 각각 '風不多, 也不大, 而且暖中透涼', '色味雙美'라는 내용을 지칭한다. 따라서 (90)의 사동주는 모두 [사건]의 의미특질을 갖는다. 그러나 (90)은 앞에서 논의한 (82)와는 다르다. (90)의 사동주 '風不多, 也不大, 而且暖中透涼', '色味雙美'는 각각 피사동사건 '人們覺得爽快', '人們要多吃幾個餃子'의 원인이 된다. 즉 (90가)에서는 사동주 '風不多, 也不大, 而且暖中透涼'으로 인해서 피사동주 '人們'이 '覺得爽快'의 상태의 변화를 가져오게 되었고

(90나)에서는 사동주 '色味雙美'로 인해 피사동주 '人們'이 '要多吃幾個餃子'의 행동의 변화를 가져오게 되었다.

(90)의 사동사건과 피사동사건 사이에 원인과 결과의 관계가 성립한다는 사실은 다음 (91)처럼 (90)을 인과관계의 표지 '所以'를 넣은 문장으로 고쳐 씀으로써 확인할 수가 있다.

(91) 가. 風不多, 也不大, 而且暖中透凉, 所以使人們覺得爽快。
바람이 많지 않고 크지도 않을 뿐만 아니라 따뜻한 가운데 서늘한 기운 또한 있어 사람들로 하여금 마음이 상쾌해지게 한다.
나. 色味雙美, 所以使人們要多吃幾個餃子。
맛과 색이 모두 아름다우니 사람들로 하여금 물만두를 몇 개 더 먹으려고 하게 만든다.

(91)에서 확인할 수 있듯이 (90)을 인과관계의 표지 '所以'를 넣은 문장으로 고쳤을 때 문장이 여전히 매우 자연스럽다. 이는 (90)과 같은 문장의 사동사건과 피사동사건은 원인과 결과의 관계를 이룬다는 사실을 보여준다.

이어 한국어의 통사적 사동문의 경우를 보자.

(92) 가. 통화정책이 갈피를 못 잡는 모습을 보여 금융시장을 한층 불안하게 했다.
나. 국제적십자위원회와 유엔사무소에 유혈 사태가 계속돼 파병을 어렵게 하고 있다.
다. 이 병은 오지에서 동물을 통해 발원하거나 옮기는 경우가 많아 포착과 예방을 더욱 힘들게 하고 있다.
라. 소비심리가 지나치게 확산되어 과거와 같이 수입을 촉진하고 외채도입을 늘어나게 한다.

(92)에서는 사동주가 모두 생략되었다. 한편 생략된 사동주는 각각

'통화정책이 갈피를 못 잡는 모습을 보인 것, 국제적십자위원회와 유엔사무소에 유혈 사태가 계속되는 것, 이 병은 오지에서 동물을 통해 발원하거나 옮기는 경우가 많은 것, 소비심리가 지나치게 확산된 것'이라는 내용을 지칭한다. 즉 (92)의 사동주는 모두 [사건]의 의미특질을 갖는다. (92)에서는 사동사건과 피사동사건이 원인을 나타내는 어미에 의해 연결되었다. 즉 (92)의 사동사건과 피사동사건 사이에 원인과 결과의 관계가 성립한다.

한국어의 접미사 사동문 역시 마찬가지이다. 다음 (93)을 보자.

(93) 가. 업체 가운데는 웹마스터와 구별되는 웹매니저 자리를 신설하여 웹마스터의 과중한 부담을 줄여주기도 한다.
　　 나. 정신을 차리기 힘든 회오리가 더 많이 불어와 우리를 괴롭히곤 한다.
　　 다. 문자판 안에는 작은 문자판과 시계 바늘이 또 들어 있어 기능뿐만 아니라 장식적 효과를 가중시킨다.

(93)에서는 사동주가 모두 생략되었고 생략된 사동주는 각각 '업체 가운데는 웹마스터와 구별되는 웹매니저 자리를 신설한 것, 정신을 차리기 힘든 회오리가 더 많이 불어 온 것, 문자판 안에는 작은 문자판과 시계 바늘이 또 들어 있는 것'이라는 내용을 지칭한다. 즉 (93)의 사동주는 모두 [사건]의 의미특질을 갖는다. (93)에서는 사동사건과 피사동사건이 원인을 나타내는 어미에 의해 연결되었고 따라서 한국어의 접미사 사동문에는 사동사건과 피사동사건 사이에 원인과 결과의 관계가 성립하는 경우가 있다.

이와 같이 중국어의 '使' 자 사동문, 한국어의 통사적 사동문, 접미사 사동문은 모두 사동사건과 피사동사건 사이에 원인과 결과의 관계가 성립하는 경우가 있다.

b. 조건 관계가 성립하는 경우

중국어에는 다음 (94)와 같은 사동문도 있다.

(94) 가. 說那麼一兩小句, 使老太太們高興。
　　　　두 마디를 하면 할머니들을 기쁘게 한다.
　　　나. 喝多了酒讓人顯得幼稚可笑。
　　　　술을 많이 마시면 사람을 유치하고 가소로워 보이게 한다.

(94)에서도 사동주가 모두 생략되었고 생략된 사동주는 각각 '說那麼一兩小句, 喝多了酒'라는 내용을 지칭한다. 즉 (94)의 사동주는 모두 [사건]의 의미특질을 갖는다. (94가)에서 피사동주 '老太太們'으로 하여금 '高興'의 상태의 변화를 가져오게 하는 전제조건은 '說那麼一兩小句'라는 사건이고 (94나)에서 피사동주 '人'으로 하여금 '幼稚可笑'의 상태의 변화를 가져오게 하는 전제조건은 '喝多了酒'라는 사건이다. 이러한 사실은 다음 (95)처럼 (94가)의 '使', (94나)의 '讓'을 생략하는 방법으로 확인할 수 있다.

(95) 가. 說那麼一兩小句老太太們高興。
　　　　두 마디를 하면 할머니들은 기뻐하신다.
　　　나. 喝多了酒人顯得幼稚可笑。
　　　　술을 많이 마시면 유치하고 가소로워 보인다.

(95가)는 (94가)의 '使'를 생략한 것이고 (95나)는 (94나)의 '讓'을 생략한 것인데 (95)에서 확인할 수 있듯이 문장이 매우 자연스럽다. 이와 같이 사동사건과 피사동사건 사이에 조건관계가 성립하는 경우 중국어에서는 '使'와 같은 동사를 생략할 수 있다.

한국어의 통사적 사동문과 접미사 사동문도 사동사건과 피사동사건 사이에 조건관계가 성립하는 경우가 있다. 다음 (96), (97)을 보자.

(96) 검찰권 행사에 하루라도 공백이 생기면 당장 국민을 불편하게 만든다.

(97) 가. 땀을 많이 흘리는 운동을 하는 도중에 탄산음료를 마시면
　　　　　오히려 목을 바짝 말려 버리는 수가 있으니 주의해야 한다.
　　　나. 과학 기술이 적절히 사용돼야 환경 문제도 해결하고 삶의 질도
　　　　　계속 향상시킬 수 있다.
　　　다. 의자에 앉아 있는 시간이 길어질수록 허리 디스크 상태를
　　　　　더욱 악화시킨다.

(96)은 통사적 사동문이고 (97가)는 '-이-' 류 접미사 사동문이며 (97 나)와 (97다)는 '-시키-' 접미사 사동문이다. (96)에서는 사동사건 '검찰권 행사에 하루라도 공백이 생긴다'와 피사동사건 '당장 국민이 불편하다'가 조건관계를 나타내는 어미 '-면-'에 의해 연결되었다. (97가)에서는 사동사건 '땀을 많이 흘리는 운동을 하는 도중에 탄산음료를 마신다'와 피사동사건 '오히려 목이 바짝 마르는 수가 있다'가 조건관계를 나타내는 어미 '-면-'에 의해 연결되었다. 마지막으로 (97나)에서는 사동사건 '과학 기술이 적절히 사용된다'와 피사동사건 '환경 문제도 해결하고 삶의 질도 계속 향상할 수 있다'가 조건관계를 나타내는 어미 '-어야-'에 의해 연결되었으며 (97다)에서는 사동사건 '의자에 앉아 있는 시간이 길어진다'와 피사동사건 '허리 디스크 상태가 더욱 악화된다'가 조건관계를 나타내는 어미 '-ㄹ수록-'에 의해 연결되었다.

따라서 (96), (97)은 각각 다음 (98), (99)처럼 고쳐 쓸 수가 있다.

(98) 검찰권 행사에 하루라도 공백이 생기면 당장 국민이 불편하다.

(99) 가. 땀을 많이 흘리는 운동을 하는 도중에 탄산음료를 마시면
오히려 목이 바짝 마를 수가 있으니 주의해야 한다.

나. 과학 기술이 적절히 사용돼야 환경 문제도 해결하고 삶의 질도
계속 향상한다.

다. 의자에 앉아 있는 시간이 길어질수록 허리 디스크 상태를
더욱 악화한다.

(98)은 통사적 사동문 (96)의 '-게 하-'를 생략한 것이고 (99)는 접미
사 사동문 (97가)의 용언 '말리다'를 '마르다'로, (97나)의 용언 '향상시키
다'를 '향상하다'로, (97다)의 용언 '악화시키다'를 '악화하다'로 바꾼 것이
다. (98), (99)에서 확인할 수 있듯이 문장이 자연스럽다. 즉 사동사건과
피사동사건이 조건관계를 이룬다.

이와 같이 중국어 '使' 자 사동문, 한국어의 통사적 사동문과 접미사
사동문은 모두 사동사건과 피사동사건 사이에 원인과 결과의 관계가
성립하는 경우와 조건관계가 성립하는 경우가 있으며 중국어의 '使' 류
동사를 생략하거나, 한국어의 사동사를 원동사로 바꿔도 문장의 의미가
크게 달라지지 않는다.

4.1.3.2. 피사동주의 의미특질 대조

여기에서는 피사동주가 [-유정성]의 성격을 띠는 경우와 [+유정성]의
성격을 띠는 경우로 나누고 전자는 [무정물], [사건]의 두 가지로 세분화
여 분석하도록 하겠다.

본 연구에서는 2장에서 추출한 192개의 '使'에 의한 사동문과 285개의 '讓'에
의한 사동문을 조사 대상으로 하여 피사동주의 의미특질을 고찰하였는데 그
결과는 다음 〈표 9〉에서 제시한 바와 같다.

<표 9> '使 자 사동문의 피사동주의 의미특질

유형 피사동주의 의미특질 ／ 사동	使	讓
[−유정성]	26	10
[+유정성]	166	275
총수	192	285

<표 9>에서 확인할 수 있듯이 '使' 자 사동문의 피사동주는 [+유정성]의 성격을 띠는 경우가 상당히 많다.

한국어의 경우 본 연구에서는 앞에서 추출한 200개의 통사적 사동문을 조사 대상으로 피사동주의 의미특질을 고찰하였는데 다음 <표 10>에서 제시한 바와 같다.

<표 10> 통사적 사동문의 피사동주의 의미특질

피사동주의 의미특질 ／ 출현빈도	출현빈도
[−유정성]	74
[+유정성]	126
총수	200

<표 10>에서 확인할 수 있듯이 한국어 통사적 사동문의 피사동주는 [+유정성]의 성격을 띠는 경우가 다수를 차지한다.

한국어의 접미사 사동문은 '−이−' 류 접미사 사동문과 '−시키−' 접미사 사동문으로 구분하여 고찰하였다. 우선 앞에서 추출한 297개의 '−이−' 류 접미사 사동문을 조사 대상으로 피사동주의 의미특질을 살펴보았는데 그 결과는 다음 <표 11>에서 제시한 바와 같다.

<표 11> '-이-' 류 접미사 사동문의 피사동주의 의미특질

피사동주의 의미특질 \ 출현빈도	출현빈도
[-유정성]	219
[+유정성]	78
총수	297

〈표 11〉에서 확인할 수 있듯이 한국어 '-이-' 류 접미사 사동문의 파사동주는 [-유정성]의 성격을 띠는 경우가 다수를 차지하였다.

마지막으로 앞에서 추출한 200개의 '-시키-' 사동문을 조사 대상으로 피사동주의 의미특질을 고찰하였는데 다음 〈표 12〉에서 제시한 바와 같다.

<표 12> '-시키-' 접미사 사동문의 피사동주의 의미특질

피사동주의 의미특질 \ 출현빈도	출현빈도
[-유정성]	173
[+유정성]	27
총수	200

〈표 12〉에서 확인할 수 있듯이 '-시키-' 접미사 사동문의 피사동주는 [-유정성]의 성격을 띠는 경우가 압도적으로 많은 비중을 차지한다. 이는 '-시키-' 접미사 사동사는 '시킴'의 뜻이 강하여 사람에게 사용하기에는 그 표현이 좋지 않기 때문인 것으로 보인다.

지금부터 피사동주의 의미특질을 크게 [-유정성], [+유정성]의 성격을 갖는 경우로 나누고 전자는 [무정물], [사건]의 의미특질을 갖는 두 가지의 경우로 세분화하여 분석하도록 하겠다.

A. [-유정성]

a. [무정물]

다음 (100)을 통해서 중국어 '使' 자 사동문의 경우에 대해 분석하도록 하겠다.

(100) 가. 輔助木橋使交通不至於完全斷絶。[8]
　　　　보조다리는 교통이 완전히 차단되지 않게 한다.
　　 나. 一位愛生病的太太不大容易使家庭快樂。
　　　　자주 병에 걸리는 아내는 가정을 즐겁게 하기 쉽지 않다.

(100)의 피사동주 '交通, 家庭'은 [무정물]의 의미특질을 갖지만 다음 (101)은 다소 다르다.

(101) 中間唱幾首歌使休息時間不顯得過長。
　　　중간에 노래 몇 곡을 하여 휴식시간을 너무 길어보이지 않게 한다.

(101)의 '時間'은 관형어 '休息'과 함께 피사동주의 역할을 한다. 즉 (101)의 피사동주는 '休息時間'이다.

이어 다음 (102)를 통해서 한국어 통사적 사동문의 경우를 보자.

(102) 가. 기자회견은 진상을 더욱 헷갈리게 했다.
　　 나. 사격 선수 강초현은 2년 반 전 '시드니의 요정'으로 세상을
　　　　 떠들썩하게 했다.
　　 다. 햇볕정책은 남한을 병들게 하는 만병의 원인이 되고 있다.[9]
　　 라. 발레단 예술 감독은 셰익스피어 원작과 프로코피예프의 음악을
　　　　 그대로 이어받으면서 안무를 새롭게 했다.

---

8) 예문 (73나)를 가져온 것이다.
9) 예문 (76나)를 가져온 것이다.

마. 월드컵 열풍은 주식시장을 한산하게 만들고 있는 것으로 집계됐다.

(102)의 피사동주 '진상을, 세상을, 남한을, 안무를, 주식시장을'은 모두 [무정물]의 의미특질을 갖는다. 이에 반해 다음 (103)의 피사동주는 [관형어+무정물]의 의미특질을 갖는 경우이다.

(103) 가. 미국의 회계부정 사태는 한국 금융시장의 성장전망을 어둡게 하고 있다.
　　　나. 햇볕정책이 한국과 일본의 월드컵 안전을 가능하게 했다.
　　　다. 결국 미국의 부분적 경제제재 해제는 조만간 북한행 버스를 붐비게 만들 소지도 없지 않아 보인다.

(103)의 '성장전망, 안전, 버스'는 각각 관형어 '한국 금융시장의, 한국과 일본의 월드컵, 북한행'의 수식을 받아야만 진정한 피사동주의 역할을 수행할 수 있다. 즉 (103)의 피사동주는 '한국 금융시장의 성장전망을, 한국과 일본의 월드컵 안전을, 북한행 버스를'이다.

이어 한국어 '-이-' 류 접미사 사동문의 피사동주의 의미특질에 대해 분석하도록 하겠다. 본 연구의 조사에 따르면 '-이-' 류 접미사 사동문의 피사동주는 [-유정성]의 성격을 띠는 경우가 다수를 차지한다. 다음 (104)를 보자.

(104) 가. 그는 몸무게를 48kg 아래로 줄였다.
　　　나. 서양 사람들은 걸을 때 필요 없는 몸동작이 많거나 무릎을 아래로 기울이므로 많은 힘을 소비한다.
　　　다. 낚시꾼들이 버리는 쓰레기가 강물을 더럽히고 있다.
　　　라. 아파트 관리인이 휴지를 태우고 있다.
　　　마. 그는 지나치게 욕심을 채우다가 감옥에 갔다.

(104)의 피사동주 '몸무게를, 무릎을, 강물을, 휴지를, 욕심을'은 모두 [무정물]의 의미특질을 갖는다. 한편 '-이-' 류 접미사 사동문은 다음 (105) 처럼 피사동주가 [관형어+무정물]의 의미특질을 갖는 경우도 더러 있다.

(105) 가. 친구는 새로 구입한 책을 모두 물렸다.
　　나. 대중 매체는 올바른 생활 태도를 사회 구석구석으로 옮기는
　　　　일에 관심을 기울여야 한다.
　　다. 동생은 늦게 까지 집에 들어오지 않아 어머니의 마음을 태웠다.
　　라. 그 사람은 전쟁에 대한 기억을 죽이지 못해 아직도 고통 받고
　　　　있다.

(105)의 '책, 태도, 마음, 기억'은 [무정물]의 의미특질을 갖는데 이들은 각각 관형어 '새로 구입한, 올바른 생활, 어머니의, 전쟁에 대한'의 수식을 받아야만 전체 문장이 정확한 의미를 나타낼 수 있다. 따라서 (105)의 피사동주는 '새로 구입한 책을, 올바른 생활 태도를, 어머니의 마음을, 전쟁에 대한 기억을'이다.

한국어 '-시키-' 접미사 사동문의 피사동주는 [-유정성]의 성격을 띠는 경우가 다수를 차지한다. 다음 (106)을 보자.

(106) 가. 운동으로 체력을 향상시키면 수명이 길어지는가?
　　나. 규칙적인 운동이 사망률을 감소시킨다.
　　다. 일본 외무성은 '북태평양 경제포럼'을 빠르면 내년 봄에라도
　　　　발족시킨다는 계획을 밝혔다.
　　라. 염색공장의 빨간 폐수가 개울물을 오염시킨다.
　　마. 알콜 섭취는 말초 혈관을 확장시킨다.
　　바. 고협압, 흡연은 망막증을 악화시킬 수 있다.

(106)의 피사동주 '체력을, 사망률을, '북태평양 경제포럼'을, 개울물을, 말초

혈관을, 망막증을'은 모두 [무정물]의 의미특질을 갖지만 다음 (107)은 피사동주가 [관형어+무정물]의 의미특질을 갖는다.

(107) 가. 팔레스타인인 1 명이 이스라엘 군 초소에 권총 공격을 가해
　　　　 병사의 머리를 관통시켰다.
　　 나. 과도한 운동은 유해 산소의 생산을 증가시켜 노화를 촉진시킬
　　　　 수 있다.
　　 다. 러시아는 자국 내 폐기물 처분장이 포화 상태이기 때문에
　　　　 바다에 버릴 수밖에 없다는 입장을 취하고 있어 동아시아
　　　　 국가들을 긴장시키고 있다.

(107)의 '머리, 생산, 국가들'은 모두 [무정물]의 의미특질을 갖고 이들은 각각 관형어 '병사의, 유해 산소의, 동아시아'의 수식을 받아야 만이 진정한 피사동주의 역할을 할 수 있다. 즉 (107)의 사동주는 '병사의 머리를, 유해 산소의 생산을, 동아시아 국가들을'이다.

이와 같이 중국어의 '使' 자 사동문은 한국어의 통사적 사동문과 함께 피사동주가 [+유정성]의 성격을 띠는 경우가 비교적 많다. 이에 반해 한국어의 접미사 사동문은 피사동주가 [-유정성]의 성격을 띠는 경우가 다수를 차지한다. 특히 '-시키-' 접미사 사동문의 피사동주는 [-유정성]의 성격을 띠는 경우가 상당히 적다.

b. [사건]

다음 (108)은 중국어 '使' 자 사동문의 피사동주가 [사건]의 의미특질을 갖는 경우이다.

(108) 要讓奉獻愛心蔚然成風!

사랑하는 마음을 바치는 것이 사회적 기풍이 되도록 해야 한다.

(108)의 피사동주 '奉獻愛心'은 [사건]의 의미특질을 갖는다. 중국어에는 이러한 유형의 '使' 자 사동문이 매우 적다.

한국어의 통사적 사동문의 경우 역시 피사동주가 [사건]의 의미특질을 갖는 경우가 매우 드물다. 다음 (109)를 보자.

> (109) 가. 홍명보가 상대팀 공격루트를 잘 차단하고 공수연결을 매끄럽게 해줬다.
> 나. 적극적으로 받아들여서 자신의 것으로 만들어가는 여유와 순수한 열정이 사회적 통합을 쉽게 만들고 있다.
> 다. 모든 현장을 네트워크망으로 연결해 빠른 의사결정이 가능하게 했다.

(109)의 피사동주 '공수연결을, 사회적 통합을, 빠른 의사결정이'는 모두 [사건]의 의미특질을 갖는다.

본 연구의 조사에 따르면 '-이-' 류 접미사 사동문은 피사동주가 [사건]의 의미특질을 갖는 경우가 없다. '-시키-' 접미사 사동문은 다음 (110)과 같은 문장이 발견되었다.

> (110) 가. 일본 정부는 북한의 NPT탈퇴를 철회시키기 위해 북한에 가장 강력한 영향력을 행사할 수 있는 중국과 이 문제를 적극적으로 협의해 나가겠다고 했다.
> 나. 알콜은 간장의 지방 합성을 증가시켜 지방간을 형성한다.

(110)의 피사동주 '북한의 NPT 탈퇴를, 간장의 지방 합성을'은 [사건]의 의미특질을 갖는 것 같지만 '탈퇴, 합성'은 명사의 성격을 갖기 때문에 엄밀한 의미에서는 [사건]으로 보기 어렵다. 그러나 이러한 어휘를 포함

한 절이나 구는 하나의 사건을 포함하므로 본 연구에서는 이 부류의 문장을 모두 [사건]의 의미특질을 갖는 것으로 보았다.

B. [+유정성]

앞에서 논의한 바와 같이 중국어 '使' 자 사동문의 피사동주는 [+유정성]의 성격을 띠는 경우가 다수를 차지한다. 다음 (111)을 보자.

> (111) 가. 我肯定能讓你哭。
> 　　　　나는 반드시 너를 울릴 수 있다.
> 　　　나. 你想讓我同意?
> 　　　　네가 나를 동의하도록 만들고 싶니?
> 　　　다. 這樣才能使群眾滿意。
> 　　　　이렇게 해야만 군중들을 만족시킬 수 있다.
> 　　　라. 這話使人感到意外。
> 　　　　이 말은 사람을 놀랍게 한다.
> 　　　마. 他的技術使我佩服。
> 　　　　그의 기술은 나로 하여금 감탄하게 한다.
> 　　　바. 他的想象使他歡呼！
> 　　　　그의 상상은 그를 환호하게 한다!

(111)의 피사동주 '你, 我, 群眾, 人, 我, 他'는 모두 [유정물]의 의미특질을 갖는다. 이에 반해 (112)는 피사동주가 [관형어+유정물]의 의미특질을 갖는다.

> (112) 我要對你好好的，讓所有人都羨慕我們。
> 　　　나는 당신한테 잘 할 거예요. 모든 사람들로 하여금 우리를
> 　　　부러워하게 말이에요.

(112)의 '人'은 [유정물]의 의미특질을 갖는데 관형어 '所有'의 수식을 받아야만 뒤에 나오는 '都'와 어울려서 '모든 사람을 포함하는' 뜻을 나타낼 수가 있다. 즉 (112)의 피사동주는 '所有人'이다.

한국어 통사적 사동문의 피사동주 역시 [+유정성]의 성격을 띠는 경우가 다수를 차지한다. 다음 (113)을 보자.

(113) 가. '관기 논쟁'은 사람들로 하여금 지금이 어느 시대인가를
　　　　　되묻게 한다.
　　　나. 그의 웃음이 사람을 기분 좋게 만든다.
　　　다. 그 기억이 영문학 교수였던 그를 운동가로 변신하게 만들었다.
　　　라. 정동환(54)은 70분 내내 관객을 바짝 긴장하게 만든다.
　　　마. 현 의료정책과 외과계열 수가정책은 전공의들로 하여금 비급여
　　　　　위주의 의료행위를 아름다운 장밋빛 미래로 느끼게 한다.
　　　바. 조정에서는 태학박사 전공지(田供之)에게 화산섬의 도형을 그려
　　　　　바치게 했다.

(113)의 피사동주 '사람들로 하여금, 사람을, 그를, 관객을, 전공의들로 하여금, 전공지에게'는 모두 [유정물]의 의미특질을 갖고 이들은 관형어의 수식을 받지 않아도 피사동주의 역할을 수행할 수 있다. 한국어의 통사적 사동문은 (113)과 같은 문장이 매우 많다. 그러나 다음 (114)처럼 피사동주가 [관형어+유정물]의 의미특질을 갖는 경우는 매우 적다.

(114) 순간순간의 아이디어는 보는 이로 하여금 무릎을 치게 한다.

(114)의 '이'는 관형어 '보는'과 결합해야만 진정한 피사동주의 역할을 수행할 수 있다. 이와 같은 문장은 한국어에 매우 적은데 그 이유는 앞에서 논의한 바와 같이 피사동주가 [유정물]의 의미특질을 갖는 경우

자립성이 강하기 때문인 것으로 보인다.

한국어의 '-이-' 류 접미사 사동문의 피사동주는 [+유정성]의 성격을 띠는 경우가 상대적으로 적다. 다음 (115)를 보자.

(115) 가. 그는 아들을 낙엽 위에 눕혔다.
　　　나. 선생님은 학생들에게 단소를 불렸다.
　　　다. 그는 일꾼에게 밭을 갈렸다.
　　　라. 삼촌이 꼬마에게 장난감 칼을 채워 보냈다.
　　　마. 그녀는 딸에게 가르마를 태우고 곱게 빗질을 해주었다.

(115)의 피사동주 '아들을, 학생들에게, 일꾼에게, 꼬마에게, 딸에게'는 모두 [유정물]의 의미특질을 갖지만 다음 (116)의 피사동주는 [관형어+유정물]의 의미특질을 갖는다.

(116) 이모가 품이의 손톱에 봉숭아물을 들여 주신 적이 있었다.

(116)의 '손톱'은 관형어 '품이의'의 수식을 받아야 만이 전체 문장이 정확한 뜻을 표현할 수 있다. 즉 (116)의 피사동주는 '품이의 손톱에'이다.

마지막으로 한국어의 '-시키-' 접미사 사동문의 경우를 보자. 한국어의 '-시키-' 접미사 사동문은 앞에서 논의한 바와 같이 피사동주가 [+유정성]의 성격을 띠는 경우가 매우 적다. 다음 (117)을 보자.

(117) 가. 이 같은 제도를 통해 학생들에게 환경에 대한 지식을 습득시키고 관심과 이해를 촉구한다.
　　　나. 일본은 자위대를 유엔의 캄보디아 평화 유지 활동에 참여시켰다.
　　　다. 그는 중국이 홍콩에 대한 '1국가 2체제' 정책을 고수하고 97년 이후에도 50년간 자본주의 방식이 유지되도록 할 것이며 인민해방군도 진주시키지 않을 것임을 다짐한 것으로 알려졌다.

(117)의 피사동주 '학생들에게, 자위대를, 인민해방군도'는 모두 [유정물]의 의미특질을 갖고 이들은 관형어의 수식을 받지 않아도 피사동주의 역할을 수행할 수 있다. 다음 (118)은 [관형어+유정물]의 의미특질을 갖는 경우이다.

(118) 우리는 각 정당과 유권자들에게 뽑아서는 안 될 사람들을 공천과정이나
　　　 선거 과정에서 탈락시켰다.

(118)에서 확인할 수 있듯이 '사람들'은 관형어 '각 정당과 유권자들에게 뽑아서는 안 될'을 필수 성분으로 요구한다. 따라서 (118)의 피사동주는 '각 정당과 유권자들에게 뽑아서는 안 될 사람들을'이다.

이와 같이 중국어 '使' 자 사동문과 한국어의 통사적 사동문의 피사동주는 [+유정성]의 성격을 띠는 경우가 다수를 차지한다. 그러나 한국어의 접미사 사동문의 피사동주는 [+유정성]의 성격을 띠는 경우가 그리 많지 않다. 특히 한국어의 '-시키-' 접미사 사동문의 피사동주는 [+유정성]의 성격을 띠는 경우가 극히 적은데 이는 '-시키-' 접미사 사동사는 그 표현이 그리 좋지 않기 때문에 [+유정성]의 성격을 띤 주체 특히 사람을 상대로 사용하기에는 적절하지 않기 때문인 것으로 보인다.

4.1.4. 사동주와 피사동주의 초점화

중국어에서는 특수한 상황에서 사동주나 피사동주를 초점화하는 담화 전략을 사용한다.

다음 (119)[10]는 '使' 자 사동문이 감사의 의미를 표현하는 경우이다. 중국어문법에서는 이러한 문장에서 흔히 '讓'을 사용한다.

---

10) 예문 (22)를 가져온 것이다.

(119) 謝謝你讓我長了見識。

(119)에서 사동주와 피사동주는 각각 '你, 我'이다. (119)는 상대방이 화자의 식견을 넓혀줘서 화자가 상대방에게 감사의 뜻을 전하는 문장이다. 여기에서 '讓'은 '시킴'의 의미보다는 피사동행위를 초점화하여 피사동주가 그러한 결과를 가져올 수 있도록 사동주가 도와주었다는 뜻이 강조된다. (119)는 이러한 감사의 내용을 '謝謝'라는 단어의 뒤에 써준 것이다. 한국어에서도 이러한 의미를 표현하기 위해 다음 (120)처럼 '-어 주다'라는 보조동사를 사용한다.

(120) 나에게 식견을 넓혀줘서 고맙다.

(120)에서는 사동사 '넓히다'의 뒤에 보조동사 '-어 주-'를 써줌으로써 사동주가 피사동주에게 시킨 것이 아니라 도와주었다는 사실을 표현하고 있다. 한편 呂叔湘(1980:461)은 사동문의 용례로 다음 같은 문장을 제시하였다.

(121) …, 讓您久等了。[11]

(121)에서 피사동주는 '您'이다. (121)은 화자가 약속 시간에 늦어서 상대방에게 사과하는 문장이다. 여기에서는 '讓'을 사용하여 사동주의 행위를 초점화하였고 이렇게 함으로써 상대방을 기다리게 한 화자의 행위를 강조하여 사과의 정도를 최대화하고자 하였다. 이때 사과 표현 '對不起'를 사용하지 않아도 사과의 의미는 전달될 수 있다. 그 이유는 '讓'의 뒤에 존칭 '您'가 있기 때문이다. 이에 반해 한국어에서는 다음 (122)처럼 '죄송합니다'와 같은 사과 표현을 덧붙이는 것이 일반적이다.

---

11) 예문 (23)을 가져온 것이다.

(122) 오래 기다리게 해서 죄송합니다.

(122)에서는 사동주가 피사동주로 하여금 기다리게 하였음을 표현하기 위해 통사적 사동 표지 '-게 하-'를 사용하였을 뿐만 아니라 '죄송합니다'를 덧붙여 사과의 의미를 전달한다.

이와 같이 중국어에서는 감사 표현의 문장에서 '讓'을 사용하여 사동주에 대한 감사의 뜻을 부각시키기 위해 피사동행위를 초점화하고 사과 표현의 문장에서 '讓'을 사용하여 피사동주에 대한 사과의 뜻을 부각시키기 위해 사동주의 행위를 초점화한다. 한국어에서는 감사 표현의 문장에서는 사동주의 도움에 대한 감사의 뜻을 보조동사 '-어 주-'를 사용하여 부각시키고 사과 표현의 문장에서는 피사동주의 행위로 인해 안 좋은 결과를 가져오게 했다는 의미를 강조하기 위해 '죄송합니다'를 덧붙이는 것이 일반적이다.

4.1.5. 사동문의 의미 대조

사동문의 의미에 대한 논의로 직접사동과 간접사동에 대한 연구가 있다. 직접사동과 간접사동은 피사동행위의 실현에 있어서 사동주의 참여가 직접적이냐 아니면 간접적이냐 하는 문제이다. 직접사동과 간접사동에 대한 논의는 손호민(1978), 송석중(1978b), Shibatani(1973, 1975) 등에서 다루어진 바가 있다. 그러나 3장에서도 논의한 바와 같이 직접사동과 간접사동의 판단에 있어서 애매모호한 경우가 많기 때문에 상당한 어려움이 따른다. 따라서 이에 대한 논의는 외국인 학습자에게 큰 의미가 없을 것으로 짐작된다. 이러한 이유로 본 연구에서는 직접사동과 간접사동에 대해 다루지 않기로 한다.

이밖에 김규철(1995), 박미정(2002), 이정택(2005)를 비롯한 완결사동과 미완결사동에 대한 연구도 있다. [+완결성]은 어떤 행위나 사건의 장면이 완전히 끝났음을 뜻하고 [−완결성]은 어떤 행위나 사건의 장면이 완전히 끝나지 않았음을 뜻한다. 완결사동은 바로 전자의 경우이고 미완결사동은 바로 후자의 경우이다. 따라서 완결사동과 미완결사동은 사동이 피사동행위의 완결됨을 전제로 하느냐 아니면 미완결됨을 전제로 하느냐의 문제로서 이는 직접사동, 간접사동과는 다른 개념이다. 본 연구에서는 중국어의 '使' 자 사동문과 한국어의 통사적 사동문, 접미사 사동문이 완결사동을 표현하는지 미완결사동을 표현하는지에 대해 고찰할 것이다. 이를 통해서 중국어의 '使' 자 사동문과 한국어의 통사적 사동문, 접미사 사동문 사이의 의미 차이의 파악에 도움을 주고자 한다.

우선 중국어의 '使' 자 사동문을 분석하도록 하겠다. 본 연구에서는 중국어에서 사용 빈도가 높은 '使'에 의한 사동문과 '讓'에 의한 사동문에 대해서만 분석하기로 한다. 다음 (123)을 보자.

(123) 가. 張太尉使奴廝兒慶童請俊。
　　　　　장태위는 하인 경동에게 왕군을 데려오게 했다.
　　　 나. 張太尉使奴廝兒慶童請俊，不過慶童沒請俊。
　　　　　장태위는 하인 경동에게 왕군을 데려오게 했으나 경동은
　　　　　왕군을 데려오지 않았다.

(123)에서 확인할 수 있듯이 (123가)를 피사동주의 행위가 이루어지지 않았음을 나타내는 절을 추가한 문장으로 바꾼 (123나)는 여전히 성립한다. 이는 (123가)가 경우에 따라 완결사동과 미완결사동을 모두 표현함을 알려준다. 주목되는 것은 (123)의 '使'를 '讓'이나 '叫'로 대체할 수 있다는 것인데 따라서 앞에서 논의한 바와 같이 (123)은 '使'의 일반적인 용법이 아니다.

본 연구에서는 2장에서 추출한 '使'에 의한 사동문 192개를 조사 대상으로 완결사동과 미완결사동의 여부를 고찰하였는데 모두 완결사동에 해당함이 확인되었다. 다음 (124가) ~(126가)는 그 중의 일부를 적은 것이다.

(124) 가. 他的想象使他歡呼！12)

그의 상상은 그를 환호하게 했다.

나. *他的想象使他歡呼, 可是他沒有歡呼。

*그의 상상은 그를 환호하게 했으나 그는 환호하지 않았다.

(125) 가. 這並沒使小譚疏遠他。13)

이는 결코 소담으로 하여금 그를 멀리하게 하지 않았다.

나. *這沒使小譚疏遠他, 可是小譚疏遠他了。

*이는 소담으로 하여금 그를 멀리하게 하지 않았으나 소담은
그를 멀리했다.

(126) 가. 這條小河使我們的部隊遇到很大的困難。

이 강은 우리 부대로 하여금 큰 곤란에 부딪치게 했다.

나. *這條小河使我們的部隊遇到了很大的困難,
可是我們的部隊沒有 遇到困難。

*이 강은 우리 부대로 하여금 큰 곤란에 부딪치게 했으나
우리부대는 곤란에 부딪치지 않았다.

예문 (124가)~(126가)에서 확인할 수 있듯이 피사동주의 행위가 이루어지지 않았음을 나타내는 절을 추가한 (124나)~(126나)는 모두 비문이 되었다. 이는 '使'에 의한 사동문은 피사동행위의 완결됨을 전제로 함을 알려준다. 사동의 의미를 갖는 '使'에 대해 呂叔湘(1980), 孟琮(1999)에서도 본 연구에서 추출한 예문들과 동일한 용법의 '使' 자 사동문을 용례로 제시하고 있다.

---

12) 예문 (111바)를 가져온 것이다.
13) 예문 (73가)를 가져온 것이다.

(127) 가. 開開窗戶使空氣流通一些。[14]

　　　　창문을 열어 공기를 좀 유통시켜라.

　　　나. *開窗戶使空氣流通了, 可是空氣沒有流通。

　　　　*창문을 열어 공기를 유통시켰으나 공기는 유통되지 않았다.

(孟琮(1999:333))

(128) 가. 他的技術使我佩服。

　　　　그의 기술은 나를 감탄하게 한다.

　　　나. *他的技術使我佩服了, 不過我沒有佩服。

　　　　*그의 기술은 나를 감탄하게 했으나 나는 감탄하지 않았다.

(呂叔湘(1980:494))

예문 (127)과 (128)에서 확인할 수 있듯이 (127나)와 (128나)는 모두 비문이 되었다. 이렇게 볼 때 '使'에 의한 사동문은 완결사동만을 표현한 다고 할 수 있다. 〈4.1.3 사동주와 피사동주의 의미특질 대조〉에서 논의한 바와 같이 '使'에 의한 사동문의 사동주는 [-유정성]의 성격을 띠는 경우가 다수를 차지하였다. 이는 '使'에 의한 사동문의 사동주는 어떠한 사건을 나타내거나 또는 어떠한 사건을 포함하고 있다는 사실을 보여주기도 한다. 따라서 '使'에 의한 사동문의 사동주는 '시킴'의 존재가 아니라 어떠한 사건이나 상태이다. 이러한 사건이나 상태로 말미암은 결과는 시켜서가 아니라 자연발생적인 것이다. 따라서 '使'에 의한 사동문은 피사 동행위의 완결됨을 전제로 할 수밖에 없는 것으로 보인다. 다시 말해서 '使'에 의한 사동문이 완결사동만을 표현하는 근본적인 원인은 사동주의 성격과 밀접한 관련이 있다는 것이다.

이어 '讓'에 의한 사동문의 완결사동과 미완결사동의 여부에 대해 분석하도록 하겠다. 본 연구에서는 2장에서 추출한 '讓'에 의한 사동문 285개

---

14) 예문 (82나)를 가져온 것이다.

를 조사 대상으로 완결사동과 미완결사동의 여부를 고찰하였는데 '讓'에 의한 사동문은 대부분이 담화상황에 따라 완결사동을 표현하기도 하고 미완결사동을 표현하기도 하나 완결사동만을 표현하는 경우도 있음이 확인되었다. 아래의 (129)는 완결사동만을 표현하는 경우이다.

(129) 가. 這讓他懷孕了。
　　　　　　이는 그를 임신하게 했다.
　　　나. *這讓他懷孕了, 不過他沒有懷孕。
　　　　　　*이는 그를 임신하게 했으나 그는 임신하지 않았다.

(129)의 사동주 '這'는 어떠한 사건을 포함하고 있다. 즉 (129)에서 사동주 '這'는 어떠한 사건을 표현하고 이러한 사건이 피사동주인 '他'로 하여금 '懷孕了'의 결과를 가져오게 한 것이다. 따라서 (129)의 '讓'은 '使'로 대체할 수 있다. (129)에서 확인할 수 있듯이 피사동행위가 이루어지지 않았음을 나타내는 절을 추가한 (129나)는 모두 비문이 되었다. 따라서 (129)는 완결사동만을 표현한다. 宛新政(2005)에서는 '使'는 사동주가 [사건]의 의미특질을 갖는 경우가 대부분이고 이에 반해 '讓'은 실질적으로 따져보면 사동주가 어떠한 사건을 포함하고 있는 것이 아니라고 밝힌 바가 있다.

다음 (130)~(133)은 '讓'에 의한 사동문이 담화상황에 따라서 완결사동과 미완결사동을 모두 표현하는 예문의 일부를 적은 것이다.

(130) 가. 李白玲讓司機駛往另一方向。[15]
　　　　　　이백령은 기사를 다른 쪽으로 가게 했다.
　　　나. 李白玲讓司機駛往另一方向, 不過司機沒有駛往另一方向。
　　　　　　이백령은 기사를 다른 쪽으로 가게 했으나
　　　　　　기사는 다른 쪽으로 가지 않았다.

---

15) 예문 (82라)를 가져온 것이다.

(131) 가. 你想讓我同意?

　　　　나를 찬성하게 만들고 싶어?

　　　나. 你想讓我同意, 不過我不同意。

　　　　네가 나를 찬성하게 만들고 싶어 하지만 나는 찬성하지 않는다.

(132) 가. 總經理讓我等幾天。

　　　　경리는 나를 며칠 기다리게 했다.

　　　나. 總經理讓我等幾天, 不過我沒等。

　　　　경리는 나를 며칠 기다리게 했으나 나는 기다리지 않았다.

(133) 가. 我哪兒也不讓你去。

　　　　나는 당신을 아무데도 못 가게 할 거야.

　　　나. 我不讓你去, 可是你去了。

　　　　내가 당신을 못 가게 했으나 당신은 갔어.

　　(130가)~(133가)가 (129)와 다른 점은 사동주가 어떠한 사건을 함축하고 있지 않다는 것이다. 즉 (130가)~(133가)의 사동주 '李白玲, 你, 總經理, 我'는 직접 피사동주에게 명령하거나 지시한 것이지 어떠한 사건이 피사동주로 하여금 어떠한 결과를 가져오게 한 것이 아니라는 것이다. 사동주가 명령하거나 지시하였지만 피사동주는 그 명령이나 지시에 반드시 따르지 않아도 되기 때문에 따라서 예문 (130나)~(133나)에서 확인할 수 있듯이 피사동주의 행위가 이루어지지 않았음을 나타내는 절을 추가하였을 때 문장이 여전히 성립한다. 따라서 이들은 경우에 따라 완결사동과 미완결사동을 모두 표현한다.

　　이어 한국어의 통사적 사동문의 완결사동과 미완결사동의 여부에 대해 고찰하도록 하겠다. 본 연구에서는 〈4.1.3 사동주와 피사동주의 의미특질 대조〉에서 추출한 200개의 통사적 사동문을 조사 대상으로 완결사동과 미완결사동의 여부를 고찰하였는데 극히 일부가 완결사동과 미완결사동을 모두 표현하는 외에 대부분이 완결사동만을 표현함이 확인되었다. 다음 (134가)와 (135가)는 완결사동과 미완결사동을 모두 표현하는 경우이다.

(134) 가. 어머니는 맏딸인 김씨를 신식교육을 받게 했다.
　　　나. 어머니는 맏딸인 김씨를 신식교육을 받게 했지만 김씨는
　　　　　받지 않았다.

(135) 가. 집사람이 나를 기자들도 못 만나게 했다.
　　　나. 집사람이 나를 기자들도 못 만나게 했으나 나는 기자를 만났다.

(134)와 (135)에서 확인할 수 있듯이 피사동주의 행위가 끝나지 않았음을 나타내는 절을 추가하였을 때 문장이 여전히 성립한다. 따라서 (134가)와 (135가)는 담화상황에 따라 완결사동과 미완결사동을 모두 표현한다. 주목되는 것은 (134가)와 (135가)의 사동주가 모두 [사건]의 의미특질을 갖는 것이 아니라 피사동주에게 직접 시키거나 지시하는 주체라는 것이다. 이는 중국어의 '讓'에 의한 사동문과 매우 비슷하다. 다음 (136가)~(139가)는 완결사동만을 표현하는 경우이다.

(136) 가. 경기에서 뿜어낸 우리 민족의 열정과 저력은 세계는 물론
　　　　　우리 스스로를 놀라게 했다.
　　　나. *경기에서 뿜어낸 우리 민족의 열정과 저력은 세계는 물론
　　　　　우리 스스로를 놀라게 했으나 세계와 우리는 모두 놀라지 않았다.

(137) 가. 이 책은 일단 책을 손에 잡으면 사람들로 하여금 곧 다음 편을
　　　　　갈망하게 만든다.
　　　나. *이 책은 일단 책을 손에 잡으면 사람들로 하여금 곧 다음 편을
　　　　　갈망하게 만들지만 사람들은 다음 편을 갈망하지 않는다.

(138) 가. 촬영했기 때문인지 화면이 몹시 흔들려 마치 눈동자에 눈물이
　　　　그렁그렁한 모습을 연상케 한다.
　　　나. *촬영했기 때문인지 화면이 몹시 흔들려 눈물이 그렁그렁한
　　　　모습을 연상케 했으나 연상하지 않았다.

(139) 가. 그의 웃음이 사람을 기분 좋게 만든다.
　　　나. *그의 웃음이 사람을 기분 좋게 만들지만 사람들은 기분이
　　　　좋지 않다.

　(136가)~(139가)가 (134가)~(135가)와 다른 점은 사동주가 [사건]의
의미특질을 갖는다는 것이다. 즉 (136가)에서 사동주 '경기에서 우리
민족이 열정과 저력을 뿜어낸 열정과 저력은'은 피사동주인 '세계와 우리
를'이 '놀랐다'의 결과를 가져오게 하였고 (137가)에서 사동주 '이 책은'은
'재미있거나 사람들에게 감동을 주었다' 등의 상태나 사건을 포함하고
있기 때문에 이러한 상태나 사건이 피사동주인 '사람들로 하여금'이 '다음
편을 갈망한다'라는 결과를 가져오게 하였으며 (138가)에서는 '촬영했기
때문인지 화면이 몹시 흔들린다'라는 사건이 피사동주로 하여금 '눈동자
에 눈물이 그렁그렁한 모습을 연상한다'의 결과를 가져오게 하였고 (139
가)에서 사동주 '웃음이'는 '그가 웃는다'는 사건을 포함하고 있기 때문에
이러한 사건이 피사동주인 '사람을'이 '기분 좋다'의 결과를 가져오게
하였다. 따라서 (136나)~(139나)가 모두 비문이 된 것이다. 즉 한국어의
통사적 사동문은 완결사동만을 표현하는 경우가 많다.
　완결사동이냐 미완결사동이냐의 측면에서 볼 때 중국어의 '使'에 의한
사동문은 한국어의 통사적 사동문과 매우 유사하다고 할 수 있겠다.
즉 양자는 모두 완결사동만을 표현하는 경우가 많다.
　다음으로 한국어의 접미사 사동문의 경우를 보자. 〈4.1.3 사동주와
피사동주의 의미특질 대조〉에서 논의한 바와 같이 한국어의 '-이-' 류

접미사 사동문의 사동주는 [+유정성]의 성격을 띠는 경우가 많고 피사동주는 [-유정성]의 성격을 띠는 경우가 많다. 따라서 한국어의 '-이-'류 접미사 사동문은 완결사동을 표현하는 경우가 많을 것이다. 이 사실은 〈4.1.3 사동주와 피사동주의 의미특질 대조〉에서 제시한 297개의 '-이-'류 접미사 사동사를 포함하는 문장을 조사 대상으로 완결사동과 미완결사동의 여부를 고찰한 결과와 맞아떨어졌다. 다음 (140가)~(145가)는 완결사동만을 표현하는 경우이다.

(140) 가. 그녀는 자기가 들은 말을 그대로 남편에게 옮겼다.
　　　 나. *그녀는 자기가 들은 말을 그대로 남편에게 옮겼으나 말은 남편에게 옮지 않았다.

(141) 가. 어느덧 손님들이 술집을 꽉 채웠다.
　　　 나. *어느덧 손님들이 술집을 꽉 채웠으나 술집은 차지 않았다.

(142) 가. 그는 교도소에서 기한을 다 채우고 나왔다.
　　　 나. *그는 교도소에서 기한을 다 채우고 나왔으나 기한은 차지 않았다.

(143) 가. 누나는 해수욕장에서 온몸을 가무잡잡하게 태웠다.
　　　 나. *누나는 온몸을 가무잡잡하게 태웠으나 몸은 타지 않았다.

(144) 가. 언니는 설탕을 수저로 잘 저어서 녹였다.
　　　 나. *언니는 설탕을 잘 저어서 녹였으나 설탕은 녹지 않았다.

(145) 가. 그는 기침으로 목을 틔웠다.
　　　 나. *그는 기침으로 목을 틔웠으나 목은 트지 않았다.

(140)~(145)에서 확인할 수 있듯이 (140가)~(145가)를 피사동행위가 이루어지지 않았음을 나타내는 절을 추가한 문장으로 고쳐 쓴 (140나) ~(145나)는 모두 비문이 되었다. 이러한 문장들은 모두 완결사동만을 표현한다. 한편 한국어의 '-이-' 류 접미사 사동문은 다음과 같은 경우도 있다. 다음 (146)과 (147)을 보자.

(146) 가. 그 일은 사람을 바짝 말린다.
     나. *그 일은 사람을 바짝 말렸으나 사람은 마르지 않았다.

(147) 가. 무더위가 훈련 중인 선수들을 괴롭힌다.
     나. *무더위가 훈련 중인 선수들을 괴롭혔으나 선수들은 괴롭지 않았다.

(146가)와 (147가)는 사동주가 [-유정성]의 성격을, 피사동주가 [+유정성]의 성격을 띠는 경우이다. (146), (147)에서 확인할 수 있듯이 (146가)와 (147가)를 각각 (146나)와 (147나)로 고쳐 쓴 후 비문이 되었다. 그 이유는 (146가)의 사동주 '그 일은'과 (147가)의 사동주 '무더위가'는 모두 [사건]의 의미특질을 갖기 때문이다. 따라서 (146가)와 (147가)도 완결사동만을 표현한다. 그러나 다음 (148)과 (149)는 다르다.

(148) 가. 그는 아들에게 거문고를 태웠다.
     나. 그는 아들에게 거문고를 태웠으나 아들은 거문고를 타지 않았다.
(149) 가. 이발사는 실습생에게 손님의 머리를 깎였다.
     나. 이발사는 실습생에게 손님의 머리를 깎였으나 실습생은 깎지 않았다.

(148가)와 (149가)의 사동주와 피사동주는 모두 [+유정성]의 성격을

띠는데 (148), (149)에서 확인할 수 있듯이 (148가)와 (149가)를 각각 (148나)와 (149나)로 바꾼 문장은 여전히 성립한다. 이 경우에 한해서 한국어의 '-이-'류 접미사 사동문은 경우에 따라서 완결사동과 미완결 사동을 모두 표현한다.

마지막으로 한국어의 '-시키-' 접미사 사동문의 경우를 분석하도록 하겠다. 앞에서 논의한 바와 같이 한국어의 '-시키-' 접미사 사동문의 사동주와 피사동주는 모두 [−유정성]의 성격을 띠는 경우가 많다. 특히 피사동주는 [+유정성]의 성격을 띠는 경우가 매우 적다. 따라서 '-시키-' 접미사 사동문은 다음 (150가)~(154가)처럼 완결사동만을 표현하는 경우가 많다.

(150) 가. 칵테일 요법은 96년 이후 미국과 유럽에서 에이즈 사망률을 5~6배 감소시켰다.
　　　 나. *칵테일 요법은 에이즈 사망률을 감소시켰으나 에이즈 사망률은 감소되지 않았다.

(151) 가. 최미연·탐슨 등이 침착하게 공격을 성공시켰다.
　　　 나. *최미연·탐슨 등이 공격을 성공시켰으나 공격은 성공하지 못했다.

(152) 가. 선취점을 얻은 SK는 채병룡에 이어 이승호·조웅천이 이어 던지며 현대 방망이를 무력화시켰다.
　　　 나. *SK는 현대 방망이를 무력화시켰으나 현대 방망이는 무력화 되지 않았다.

(153) 가. 허 명예회장은 LG화학을 상장시켰다.
　　　 나. *허 명예회장은 LG화학을 상장시켰으나 LG화학은 상장하지 않았다.

(154) 가. 히딩크는 선수들의 기초 체력을 향상시켰다.[16]

　　　나. *히딩크는 선수들의 체력을 향상시켰으나 선수들의 체력은
　　　　향상되지 않았다.

　(151)~(154)에서 확인할 수 있듯이 (151가)~(154가)를 각각 (151
나)~(154나)로 고쳐 쓴 후 모두 비문이 되었다. 따라서 (151가)~(154가)
는 모두 완결사동을 표현한다. 한편 한국어의 '-시키-' 접미사 사동문은
다음 (155)와 같은 경우도 있다.

(155) 가. 이탈리아 정부는 이탈리아군을 모가디슈에서 철수시켰다.

　　　나. 이탈리아 정부는 이탈리아군을 모가디슈에서 철수시켰으나 일부
　　　　이탈리아군은 철수하지 않았다.

　(155가)의 사동주 '이탈리아 정부는'과 피사동주 '이탈리아군'은 [+유정성]
의 성격을 띤다.[17] 따라서 (155가)를 (155나)처럼 고쳐 써도 문장은 여전히
성립한다. 즉 (155가)는 경우에 따라 완결사동과 미완결사동을 모두 표현한
다. 이와 같은 문장은 한국어 '-시키-' 접미사 사동문 중에서 많지 않다.
　결과적으로 완결사동이냐 미완결사동이냐의 문제는 사동주의 성격과
밀접한 관련이 있다고 할 수 있겠다. 즉 사동주가 [-유정성]의 성격을
띠는 경우에는 일반적으로 완결사동을 표현한다. 사동주가 [+유정성]의
의미특질을 갖는 경우에는 피사동주가 [+유정성]의 성격을 띠느냐 [-유
정성]의 성격을 띠느냐에 따라 미완결사동을 표현하기도 하고 완결사동
과 미완결사동을 모두 표현하기도 한다.

---

16) 예문 (87나)를 가져온 것이다.

17) '정부'는 [-유정성]의 성격을 띠기는 하지만 사건을 일으킬 수 있는 힘이 있는 즉
　　어떠한 사건의 행동의 주체가 될 수 있다는 측면에서 [구체적 사물]의 의미특질을
　　갖는다고 할 수 있다.

중국어의 '使'에 의한 사동문과 한국어의 통사적 사동문, '-시키-' 접미사 사동문은 사동주가 [-유정성]의 성격을 띠는 경우가 많으므로 일반적으로 완결사동만을 표현한다. '讓'에 의한 사동문은 사동주와 피사동주가 모두 [+유정성]의 성격을 띠는 경우가 다수를 차지하므로 일반적으로 담화상황에 따라 완결사동을 표현하기도 하고 미완결사동을 표현하기도 한다. 한국어의 '-이-'류 접미사 사동문의 사동주는 [+유정성]의 성격을, 피사동주는 [-유정성]의 성격을 띠는 경우가 많으므로 일반적으로 완결사동만을 표현한다.

4.2. 중·한 어휘적 사동문의 대조

어휘적 사동은 특별한 장치를 통해서 실현되는 사동법이 아니므로 사동 장치의 형태를 대조할 수 없다. 뿐만 아니라 논항의 변화도 앞에서 논의한 것과 유사하므로 이에 대해 다시 언급하는 것은 큰 의미가 없다고 생각된다. 따라서 여기에서는 중국어의 '氣'류 동사를 한국어의 '보내다'류 동사와, 중국어의 '結束'류 동사를 한국어의 '움직이다'류 동사와 대조하고 '兼類詞'는 한국어에 비슷한 단어 유형이 존재하지 않으므로 한국어 대응 형태를 분석하도록 하겠다. 구체적으로 사동사의 유형, 사동주와 피사동주의 의미 특질, 완결사동과 미완결사동의 여부에 대해서 대조를 진행할 것이다.

4.2.1. 사동사의 유형 대조

4.2.1.1. '氣'류 동사와 '보내다'류 동사

여기에서는 2장에서 제시한 '氣'류 동사와 한국어의 '보내다'류 동사를 대조할 것이다.

'氣' 류 동사는 어휘 자체에 사동의 의미가 포함되어 있다는 데에서 한국어의 '보내다' 류 동사와 굉장히 유사하다. '氣' 류 동사는 아래와 같이 '使+동사'를 사용한 구문으로 환원된다.

殺3	↔	[使 + 削弱／消除]
發	↔	[使+膨脹]
退	↔	[使+減退／下降]
……	↔	……

즉 '殺3', '發', '退'의 사동의 뜻은 '使…削弱／消除', '使…膨脹', '使…減退／下降'이라는 것이다. 이는 한국어의 '보내다'가 '가게 하다'라는 사동의 뜻을 갖는 것과 매우 유사하다고 할 수 있겠다. 이를 문장으로 설명하면 다음 (156)과 같다.

(156) 가. 你不想讓蛐蛐兒打鬥了?
　　　　 너는 귀뚜라미를 싸움 붙이고 싶지 않니?
　　　 나. 你不想鬥蛐蛐兒了?
　　　　 너는 귀뚜라미를 싸움 붙이고 싶지 않니?

예문 (156)에서 확인할 수 있듯이 (156나)의 '鬥'는 (156가)의 '讓打鬥'라는 사동의 뜻을 갖는다. 이는 한국어의 '보내다'가 '가게 하다'의 뜻을 갖는 것과 매우 유사하다.

한편 중국어의 '氣' 류 사동사는 대부분이 다의어이기 때문에 사동의 의미만을 갖고 있는 것은 아니다. 다음 (157)을 보자.

(157) 가. 我去學校。
　　　　 나는 학교에 간다.
　　　 나. 這種方法可以去頭皮屑。
　　　　 이런 방법은 비듬을 없앨 수 있다.

(157)에서는 모두 '去'를 서술어로 하고 있으나 (157가)에서는 '가다'의
의미로 쓰였고 (157나)에서는 '없애다'의 의미로 쓰였다. 이에 반해 한국
어의 '보내다'는 사동의 뜻만 갖고 있다. 이러한 측면에서 '氣' 류 사동사는
한국어의 '보내다'와 다르다.

이밖에 '氣' 류 사동사는 흔히 'V-V' 구조를 이루어 사동의 의미를
나타낸다. 이것이 바로 2장에서 논의한 '動結式'이다. 이러한 구성은 목적
어의 움직임이나 상태가 도대체 어떠한 동작의 결과인지에 대해 구체적
으로 표현할 수 있다는 장점이 있다.[18][19]

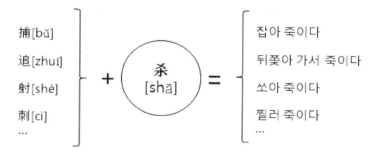

위에서 보여주는 바와 같이 동사 '殺'은 '捕, 追, 射, 刺'의 보어가 되어

---

18) '動結式'은 王力(1958:403~409)의 '使成式'의 한 부류인데 그에 따르면 상고(上古)
시대에서는 흔히 '小之(작게 하다), 死之(죽게 하다)' 등 '致動(치동)'이라는 용법을
사용하였으나 한나라 때부터 '使成式'을 사용하기 시작하였는데 그 이유는 '使成式'은
'致動'과는 달리 어떠한 동작으로 인해 얻어진 결과인지에 대해 설명할 수 있었기
때문이다. 따라서 '使成式'은 중국어문법이 크게 진보하였음을 보여주는 중요한 상징
적 의미를 갖는다고 하였다. 그에 따르면 '使成式'은 원래 타동사에 자동사나 형용사가
수반하여 구성되는 것이 일반적이었으나 5.4 이후 서구어의 영향을 받아 타동사에
형용사가 수반하는 '使成式'의 수가 대폭 증가하였다. 왜냐하면 서구어에서는 형용사
에서 유래한 동사가 매우 많은데 이러한 동사 또는 동작 명사는 '使成式'으로 번역하였
을 때 그 의미를 가장 정확하게 표현할 수 있었기 때문이다.

19) '動結式'은 그 생성기제와 관련해서도 의견이 분분한데 Gu, Yang(1992), Y.Li(1993,
1995), Cheng & huang(1994) 등은 '動結式'을 어휘부에서 생성된 복합어로 간주하
고 湯廷池(1992a, 1992b), Shi(1998), 沈陽·Sybesma(2006) 등은 '動結式'을 통사
부에서 결합된 형식으로 본다(何元建(2011:263)을 참조).

'捕殺, 追殺, 射殺, 刺殺'과 같은 '動結式'을 이룰 수 있고 각각 '잡아 죽이다, 뒤쫓아 가서 죽이다, 쏘아 죽이다, 찔러 죽이다'의 다양한 의미를 나타낼 수 있다. '動結式'은 의미를 함축적으로 나타내는 중국어의 언어적 특징이 가장 잘 반영되어 있는 구성으로서 표현이 간결하고 명료하여 중국어 어법의 특징을 잘 보여주고 있다.[20]

4.2.1.2. '結束' 류 동사와 '움직이다' 류 동사

여기에서는 2장에서 제시한 '結束' 류 사동사와 한국어의 '움직이다' 류 사동사를 대조할 것이다.

'結束' 류 동사는 자동사와 타동사의 형태가 똑같은데 타동사일 때 사동의 의미를 갖는다. 예를 들면 '結束' 류 동사 '醉, 滾, 增加, 出去'는 자동사로 쓰이는 외에 타동사로 쓰여 각각 '使…醉, 讓…滾, 使…增加, 讓…出去'라는 사동의 뜻도 나타낸다. 이는 한국어의 '움직이다' 류 사동사가 자동사로 쓰이는 외에 타동사로 쓰여 사동의 뜻인 '움직이게 하다'의 뜻도 나타내는 것과 매우 유사하다. 이를 문장으로 설명하면 다음 (158)과 같다.

> (158) 가. 珍珠的産量增加了。
> 진주의 생산량이 늘었다.
> 나. 人工珍珠增加了珍珠的産量。
> 인공 진주는 진주의 생산량을 늘렸다.
> 다. 人工珍珠使珍珠的産量增加了。
> 인공 진주는 진주의 생산량을 늘게 했다.

(158가)와 (158나)에서 확인할 수 있듯이 '增加'는 경우에 따라 자동사와 타동사로 모두 쓰일 수 있다. 타동사로 쓰인 (158나)의 '增加'는 사동의 의미를

---

20) 李臨定(1986)을 참조.

갖는다. 그런데 (158가)에 '使'를 추가하여 사동문으로 만든 (158다)는 의미적으로 (158나)와 동일하다. 이는 다음 (159)의 경우와 매우 유사하다.

(159) 가. 배가 움직인다.
　　　 나. 사람들이 서둘러 배를 움직인다.
　　　 다. 사람들이 서둘러 배를(가) 움직이게 한다.

(159가)와 (159나)에서 확인할 수 있듯이 '움직이다'는 경우에 따라 자동사와 타동사로 쓰일 수 있다. 타동사로 쓰인 (159나)의 '움직이다'는 사동의 의미를 갖는다. 그런데 (159가)의 '움직이다'에 '-게 하-'를 결합하여 사동문으로 만든 (159다)는 의미적으로 (159나)와 동일하다.

이와 같이 중국어의 '結束' 류 동사는 자동사와 타동사의 성격을 이중적으로 갖고 타동사인 경우 사동의 의미를 갖는다는 데에서 한국어의 '움직이다' 류 동사와 매우 유사하다고 할 수 있겠다.

한편 한국어 통사적 사동 구성에서는 선행 용언과 '-게 하-'가 형태적으로 분리되어 나타나기 때문에 피사동주는 선행 용언으로부터 주격을 배당받을 수 있다. 즉 (159다)는 아래와 같이 바꿔 쓸 수 있다.

(159′) 사람들이 서둘러 배가 움직이게 한다.

중국어 '使' 자 사동문은 謙語句가 아니기 때문에[21] (158다)의 피사동주 '産量'에는 주격이 배당되지 않는다.

4.2.1.3. '兼類詞'

'兼類詞'는 형용사와 동사의 성격을 이중적으로 갖고 있는 어휘이다. 다음

---

21) '使' 자 사동문이 謙語句가 아니라는 데 대한 설명은 〈2.2.1.〉을 참조할 것.

〈표 13〉는 2장에서 정리한 사동의 의미를 갖는 '兼類詞'와 그 한국어의 뜻을 제시한 것이다.

〈표 13〉 '兼類詞' 사동사의 의미 분석 및 한국어 뜻

兼類詞	의미 분석	한국어 뜻
安定[āndìng]	使 + 安定	안정시키다
繁榮[fánróng]	使 + 繁榮	번영시키다
分散[fēnsàn]	使 + 分散	분산시키다
感動[gǎndòng]	使 + 感動	감동시키다
公開[gōngkāi]	使 + 公開	공개시키다
固定[gùdìng]	使 + 固定	고정시키다
和緩[héhuǎn]	使 + 和緩	완화시키다
渙散[huànsàn]	使 + 渙散	이완시키다
活躍[huóyuè]	使 + 活躍	활성화시키다
麻痹[mábì]	使 + 麻痹	마비시키다
滿足[mǎnzú]	使 + 滿足	만족시키다
迷惑[míhuò]	使 + 迷惑	미혹시키다
穩定[wěndìng]	使 + 穩定	진정시키다
穩固[wěngù]	使 + 穩固	안정시키다
興奮[xīngfèn]	使 + 興奮	흥분시키다
鎮定[zhèndìng]	使 + 鎮定	진정시키다
鎮靜[zhènjìng]	使 + 鎮靜	진정시키다
便利[biànlì]	使 + 便利	편리하게 하다
純潔[chúnjié]	使 + 純潔	정화하다
純淨[chúnjìng]	使 + 純淨	순정하게 하다
端正[duānzhèng]	使 + 端正	바르게 하다
豐富[fēngfù]	使 + 豐富	풍요롭게 하다
鞏固[gǒnggù]	使 + 鞏固	굳히다

兼類詞	의미 분석	한국어 뜻
堅定[jiāndìng]	使 + 堅定	굳히다
開闊[kāikuò]	使 + 開闊	넓히다
密切[mìqiè]	使 + 密切	가까이 하다
方便[fāngbiàn]	使 + 方便	편리하게 하다
明確[míngquè]	使 + 明確	명확하게 하다
模糊[móhu]	使 + 模糊	모호하게 하다
惱怒[nǎonù]	使 + 惱怒	노하게 하다
暖和[nuǎnhuo]	使 + 暖和	(손을) 덥히다
強壯[qiángzhuàng]	使 + 強壯	강하게 하다
潤澤[rùnzé]	使 + 滋潤	적시다
疏遠[shūyuǎn]	使 + 疏遠	멀리하다
完善[wánshàn]	使 + 完善	완전하게 하다
協調[xiétiáo]	使 + 協調	조화롭게 하다
嚴格[yángé]	使 + 嚴格	엄하게 하다
嚴密[yánmì]	使 + 嚴密	엄밀하게 하다, 치밀하게 하다
嚴明[yánmíng]	使 + 嚴明	엄격하고 공정하게 하다
嚴肅[yánsù]	使 + 嚴肅	엄숙하게 하다, 근엄하게 하다, 성실하게 바로잡다
滿[mǎn]	使 + 滿	채우다
熱[rè]	使 + 熱	덥히다, 끓이다
松[sōng]	使 + 松	느슨하게 하다, 풀다
便宜[piányi]	讓 + 占便宜	이득을 보게 하다
破碎[pòsuì]	使 + 破成碎塊兒	산산조각을 내다
冷落[lěngluò]	使 + 受到冷淡的待遇	냉대하다
充實[chōngshí]	使 + 加強	충실하게 하다

兼類詞	의미 분석	한국어 뜻
孤立[gūlì]	使 + 得不到同情和援助	고립시키다
冤枉[yuānwang]	使 + 無罪者有罪	누명을 씌우다
勉強[miǎnqiǎng]	使 + 人做他不願意做的事	강요하다
遲滯[chízhì]	使 + 延遲／停滯	정체시키다
發達[fādá]	使 + 充分發展	발전시키다
健全[jiànquán]	使 + 完備	완전하게 하다
規正[guīzhèng]	使 + 改正	바로잡다
溫暖[wēnnuǎn]	使 + 感到溫暖	따뜻하게 하다
規範[guīfàn]	使 + 合乎規範	규범화하다
疏松[shūsōng]	使 + 松散	이완시키다, 느슨하게 하다
馴服[xùnfú]	使 + 順從	길들이다
寒磣[hánchen]	使 + 丟臉	망신시키다
壯大[zhuàngdà]	使 + 強大	키우다
滋潤[zīrùn]	使 + 不杆枯	적시다
急[jí]	使 + 著急	초조하게 하다, 안달게 하다
窘[jiǒng]	使 + 爲難	궁지에 빠뜨리다, 곤혹스럽게 하다
累[lèi]	使 + 疲勞／勞累	피곤하게 만들다
難[nán]	使 + 感到困難	어렵게 하다, 곤란하게 하다, 난처하게 하다
壞[huài]	使 + 變壞	썩이다, 곯리다
苦[kǔ]	使 + 痛苦／難受	고생시키다, 괴롭히다
勻[yún]	使 + 均勻	고르게 하다, 균등하게 하다

兼類詞	의미 분석	한국어 뜻
正[zhèng]	使 + 位置正／不歪斜	맞추다
穩[wěn]	使 + 穩定	가라앉히다
餓[è]	使 + 挨餓	굶기다
肥[féi]	使 + 肥沃	살찌우다
富[fù]	使 + 變富	살찌우다
鼓[gǔ]	使 + 發出聲音	울리다, 소리 나게 하다
亮[liàng]	使 + 聲音響亮	(목소리를) 높이다, 밝히다
亂[luàn]	使 + 混亂	혼동시키다, 혼란하게 하다
悶[mēn]	使 + 不透氣	공기를 통하지 않게 하다
膩[nì]	使 + 人不想吃	느끼하게 하다
暖[nuǎn]	使 + 變溫暖	따뜻하게 하다
潤[rùn]	1)使 + 不幹燥 2)使 + 有光彩	1) 축이다, 눅이다 2) (빛을) 내다
燙[tàng]	使 + 溫度升高／發生其他變化	덥히다, 옷을 평평하게 하다(다리다)
通[tōng]	使 + 知道	알리다
彎[wān]	使 + 彎曲	굽히다
羞[xiū]	使 + 難爲情	부끄럽게 하다, 난처하게 하다
圓[yuán]	使 + 圓滿,使周全	원만하게 하다, 합리화하다, 둥글리다
壯[zhuàng]	使 + 壯大	키우다

〈표 13〉에서 확인할 수 있듯이 중국어의 '兼類詞'는 한국어에서도 사동사 또는 사동 구성이다. 한편 한국어의 한자어로 환원되는 '兼類詞'는

모두 한국어의 '-시키-' 사동사와 의미적으로 대응한다.

安定	→	안정시키다
繁榮	→	번영시키다
分散	→	분산시키다
感動	→	감동시키다
……	→	……

위의 이러한 의미적 대응 관계가 성립하는 것은 사동의 의미를 갖는 '安定, 繁榮, 分散, 感動' 등이 한국어에서도 한자어의 형태로 존재하기 때문이다.

이밖에 중국어의 '兼類詞'는 한국어의 통사적 사동과 대응하는 경우가 많다. 그리고 극히 소수가 접미사 사동과 대응한다.

4.2.2. 사동주와 피사동주의 의미특질 대조

사동주와 피사동주의 의미특질을 각각 대조하도록 하겠다. 사동주의 의미특질은 [-유정성], [+유정성], [기타]의 경우로, 피사동주의 의미특질은 [-유정성], [+유정성]의 경우로 나누어서 분석하도록 하겠다. [-유정성]의 성격을 갖는 경우 [무정물], [사건]이 포함된다.

4.2.2.1. 사동주의 의미특질 대조

4.2.2.1.1. '氣' 류 사동문과 '보내다' 류 사동문

본 연구에서는 〈2.2.3.〉 제시한 모든 '氣' 류 동사 사동문을 조사 대상으로 사동주의 의미특질을 고찰하였는데 [+유정성]의 성격을 띠는 경우가 다수를 차지하였다. 한국어의 '보내다' 류 사동문은 김형배(1996)에서 제시한 '시키다, 조종하다, 보내다, (영향을) 주다/끼치다, 없애다'를 포함하는 사동문을 조사 대상으로 사동주의 의미특질을 고찰하였는데 이들 중에서 '(영향을) 주다/끼치다'를 포함하는 사동문의 사동주가 [-유정성] 의 성격을 띠는 경우가 있는 외에 나머지 4개의 동사를 포함하는 사동문의 사동주는 일반적으로 [+유정성]의 성격을 띠는 것으로 확인되었다.

한편 중국어 '氣' 류 동사 사동문과 한국어의 '보내다' 류 사동문의 사동주는 [기타]의 경우가 없으며 [-유정성]의 성격을 띠는 경우 [사건] 의 의미특질을 갖는 경우가 없는 것으로 확인되었다. 따라서 여기에서는 사동주가 [무정물]과 [유정물]의 의미특질 갖는 경우에 대해 설명하도록 하겠다.

A. [-유정성]

다음 (160)을 통해서 중국어 '氣' 류 사동문의 경우를 보자.

(160) 가. 廬山的夏季十分迷人。
　　　　　루산의 여름은 매우 사람을 미혹시킨다.
　　　나. 還沒來暖氣, 我的房間凍手凍腳。
　　　　　아직 난방이 시작되지 않아 나의 방은 손발을 얼린다.

(160)의 '夏季, 房間'은 [무정물]의 의미특질을 갖는다. 그러나 모든 '夏季'가 피사동주인 '人'으로 하여금 '迷上'의 결과를 가져오게 하는 것은 아니므로 관형어 '廬山的'으로 '夏季'를 한정해줄 필요가 있고 또 모든 '房間'이 피사동주로 하여금 '凍手凍腳'의 결과를 가져오게 하는 것은 아니므로 관형어 '我的'으로 '房間'을 한정해줘야 한다. 따라서 (160)의 사동주는 '廬山的夏季, 我的房間'이다.

이어 다음 (161)을 통해서 한국어의 '보내다' 류 사동문을 보도록 하자. 앞에서 논의한 바와 같이 '보내다' 류 동사 중에서 '(영향을) 주다/끼치다'를 포함하는 사동문만이 사동주가 [무정물]의 의미특질을 갖는 경우가 있다.

(161) 자동차의 진동은 아이에게 좋지 않은 영향을 줄 수 있다.

(161)의 '진동'은 [무정물]의 의미특질을 갖는다. '주다'는 (161)처럼 '좋지 아니한 영향을 미치게 하다'의 뜻으로 사용될 때 사동의 의미를 갖고 이때 '주다'를 포함하는 사동문의 사동주는 [무정물]의 의미특질을 가질 수도 있고 [유정물]의 의미특질을 가질 수도 있다. (161)은 [무정물]의 의미특질 갖는 경우이다.

B. [+유정성]

중국어 '氣' 류 사동문의 사동주는 [+유정성]의 성격을 띠는 경우가 다수를 차지한다. 다음 (162)를 보자.

(162) 가. 他們在挖坑堆垃圾。
　　　　그들은 구덩이를 파고 쓰레기를 쌓아올린다.
　　　나. 他高興得動彈了一下腿。
　　　　그는 기쁜 나머지 다리를 움직였다.
　　　다. 蔣寒上了車, 發動了機器。
　　　　장한은 차에 올라 기계를 돌렸다.
　　　라. 他終於在北京落了戶口。
　　　　그는 드디어 북경에 호구를 내렸다.

(162)의 사동주 '他們, 他, 蔣寒, 他'는 모두 [유정물]의 의미특질을 갖는다. 중국어 '氣' 류 사동문은 이와 같이 사동주가 [유정물]의 의미특질을 갖는 경우가 대부분이다.
　한국어의 경우를 보자.

(163) 가. 선생님이 잔디에게 노래를 시키셨다.

　　　나. 기관사가 기차를 조종하고 있다.

　　　다. 그는 국회의원에게 딸을 시집을 보냈다.

　　　라. 우리는 땅을 파서 나무뿌리를 없앴다.

　(163)의 사동주 '선생님이, 기관사가, 그는, 우리는'은 모두 [유정물]의 의미특질을 갖는다. 이와 같이 한국어의 '보내다' 류 동사 중에서 '시키다, 조종하다, 보내다, 없애다'를 포함하는 사동문의 사동주는 [유정물]의 의미특질을 갖는다.

　'시키다'는 '어떠한 일이나 행동을 하게 하다'의 뜻을 가질 때, '조종하다'는 '비행기나 선박, 자동차 따위의 기계를 다루어 부리다'의 뜻을 가질 때, '보내다'는 '사람을 다른 곳으로 가게 하다', '일정한 임무나 목적으로 사람을 가게 하다', '결혼을 시키다', '사람을 일정한 곳에 소속되게 하다', '놓아주어 떠나게 하다', '운동 경기나 모임 따위에 참가하게 하다'의 뜻을 가질 때 사동의 의미를 나타내며 이때 '시키다', '조종하다', '보내다'를 포함하는 사동문의 사동주는 반드시 [유정물]의 의미특질을 갖는다.

　'없애다'는 '없다'의 사동사이고 또 '사람이나 동물 따위를 죽이다'의 뜻이 있다. 따라서 '없애다'를 포함하는 사동문의 사동주 역시 [유정물]의 의미특질을 갖는다.

4.2.2.1.2. '結束' 류 사동문과 '움직이다' 류 사동문

　본 연구에서는 〈2.2.3.〉에서 제시한 모든 '結束' 류 동사와 〈3.2.3.〉에서 제시한 61개의 중립동사를 포함하는 사동문을 조사 대상으로 사동주의 의미특질을 고찰하였는데 모두 [+유정성]의 성격을 띠는 경우가 다수를 차지하였다. 한편 중국어의 '結束' 류 사동문의 사동주는 [사건]의 의미특질을 갖는 경우도 많았다.

A. [-유정성]

a. [무정물]

다음 (164)를 보자.

(164) 가. 1125年，金國滅亡了遼國。
　　　　　1125년에 금나라는 료나라를 멸망시켰다.
　　　나. 旅行擴充了他的視野。
　　　　　여행은 그에게 식견을 넓혀주었다.
　　　다. 新的民族、宗教政策，發展了民族經濟。
　　　　　새로운 민족정책과 종교정책은 민족경제를 발전시켰다.

(165) 가. 차는 고르지 못한 노면 위를 바퀴를 덜커덩거리며 질주했다.
　　　나. 그 나무는 밤이 되면 이산화탄소를 발산한다.

(164)는 중국어의 '結束' 류 사동문이고 (165)는 한국어의 '움직이다' 류 사동문이다. (164)와 (165)의 사동주 '金國, 旅行, 新的民族、宗教政策, 차는, 그 나무는'은 모두 [무정물]의 의미특질을 갖는다. 중국어 '結束' 류 사동문과 한국어의 '움직이다' 류 사동문은 (164), (165)처럼 사동주가 [무정물]의 의미특질을 갖는 경우가 많지 않다.

b. [사건]

중국어 '結束' 류 동사 사동문의 사동주는 [사건]의 의미특질을 갖는 경우가 상당히 많은 것으로 확인되었다. 다음 (166)을 보자.

(166) 가. 生活條件的改善延長了老人的壽命。

생활조건의 개선은 노인들의 수명을 연장하였다.
나. 氣溫升高降低了物種遷移和生存的能力。
기온의 상승은 생물 천이와 생존능력을 떨어뜨렸다.
다. 歐盟的擴大, 消除了多年來歐洲各國間存在的仇視。
유럽 연맹의 확대는 유럽 각 국이 서로 적대시해 왔던 상황을 없앴다.
라. 直立行走解放了人類的雙手。
직립보행은 인간의 손을 해방시켰다.

(166가)에서는 '生活條件的改善'이라는 사건이 '老人的壽命延長了'의 결과를 가져오게 하였고 (166나)에서는 '氣溫升高'라는 사건이 '物種遷移和生存的能力降低了'의 결과를 가져오게 하였으며 (166다)에서는 '歐盟的擴大'라는 사건이 '多年來歐洲各國間存在的仇視消除了'의 결과를 가져오게 하였고 (166라)에서는 '直立行走'라는 사건이 '人類的雙手解放了'라는 결과를 가져오게 하였다. 즉 (166)은 어떠한 사건으로 인해 어떠한 결과를 가져오게 되었다는 의미를 나타낸다.

한국어의 '움직이다' 류 사동문도 사동주가 [사건]의 의미특질을 갖는 경우가 더러 있다. 다음 (167)을 보자.

(167) 수도권 대학 설립이 수도권 인구 집중을 가속화했다.

(167)에서는 '수도권 대학 설립'이라는 사건이 '수도권 인구 집중이 가속화했다'의 결과를 가져오게 했다.

B. [+유정성]

다음 (168)을 보자.

(168) 가. 他在接受記者專訪時, 流露出對香港的眷戀之情。

그는 기자회견에서 홍콩에 대한 그리움을 무심코 드러내었다.

나. 韓非子發揮了法家的進步的歷史觀。

한비는 법가의 진보적 역사관을 발전시켰다.

다. 他改變了我的命運。

그는 나의 운명을 바꿔놓았다.

라. 屋大維結束了羅馬共和國的歷史, 創立了羅馬帝國。

아우구스투스는 로마공화국의 역사를 끝내고 로마제국을
건립하였다.

(168)의 사동주 '他, 韓非子, 他, 屋大維'는 모두 [유정물]의 의미특질을
갖는다. 다음 (169)는 한국어의 경우이다.

(169) 가. 그가 인체의 내부를 가시화해서 표본형의 작품을 선보이리라고는
전혀 생각지 못했었다.

나. 두 사람은 하던 말을 그치지 못했다.

다. 그는 신 나게 흔들던 팔을 멈칫하더니 이내 통증을 호소하였다.

라. 그는 흥분을 하면 콧구멍이 벌렁거린다.

마. 그는 요람을 흔들거리며 우는 아이를 달랬다.

(169)의 사동주 '그가, 두 사람은, 그는, 그는, 그는'은 모두 [유정물]의
의미특질을 갖는다. 중국어의 '結束' 류 사동문과 한국어의 '움직이다' 류 사동
문은 (168), (169)처럼 사동주가 [유정물]의 의미특질을 갖는 경우가 많다.

C. [기타]

중국어의 '結束' 류 사동문과 한국어의 '움직이다' 류 사동문은 모두 사동
사건과 피사동사건 사이에 원인과 결과의 관계가 성립하는 경우가 있다.
다음 (170), (171)을 보자.

(170) 가. 日本隊在中國隊的嚴密防守下采取遠投戰術, 降低了成功率。
　　　　일본팀은 중국팀의 엄밀한 수비에 못 이겨 멀리서 던지는
　　　　전술을 사용하여 성공률을 낮췄다.
　　　나. 國家財政狀況有所改善, 一定成度上扭轉了積貧積弱的局面。
　　　　국가 재정 상황이 개선되어 오랫동안 가난하고 약한 국면을
　　　　부분적으로 되돌렸다.

(170)에서는 사동주가 생략되었다. 이 생략된 사동주는 각각 '日本隊在中國隊的嚴密防守下采取遠投戰術, 國家財政狀況有所改善'이라는 내용을 지칭한다. 그리고 (170가)의 사동사건 '日本隊在中國隊的嚴密防守下采取遠投戰術'과 피사동사건 '成功率降低了', (170나)의 사동사건 '國家財政狀況有所改善'과 피사동사건 '積貧積弱的局面扭轉了'는 원인과 결과의 관계를 이루고 있는데 따라서 (170)은 다음 (171)처럼 고쳐 쓸 수 있다.

(171) 가. 日本隊在中國隊的嚴密防守下采取遠投戰術, 因而降低了成功率。
　　　나. 國家財政狀況有所改善, 所以一定成度上扭轉了積貧積弱的局面。

(171)은 (170)의 사동사건과 피사동사건 사이에 각각 인과관계의 표지 '因而, 所以'를 넣은 것인데 문장이 여전히 자연스럽다. 따라서 (170)의 사동사건과 피사동사건 사이에는 원인과 결과의 관계가 성립한다.
　이어 한국어의 경우를 보자.

(172) 대학생이 자꾸 데모를 하니까 나라가 공산화했다.

(172)에서는 역시 사동주가 생략되었으며 이 사동주는 '대학생이 자꾸 데모를 한다'라는 내용을 지칭한다. 따라서 (172)의 사동주는 [사건]의 의미특질을 갖는다. 따라서 (172)의 사동사건과 피사동사건 사이에는 원인과 결과의 관계가 성립한다.

4.2.1.3. '兼類詞' 사동문

'兼類詞' 사동문의 사동주는 [−유정성]의 성격을 갖는 것이 많았고 그 중에서도 [사건]의 의미특질을 갖는 경우가 다수를 차지하였다. 이는 '兼類詞'가 형용사의 의미를 여전히 갖고 있고 따라서 이러한 피사동사건은 어떠한 사건으로부터 유발되는 경우가 많기 때문인 것으로 짐작된다.

A. [−유정성]

a. [무정물]

다음 (173)을 보자.

(173) 가. 網絡時代便利了人們的生活。

　　　　네트워크시대는 사람들의 생활을 편리하게 했다.

　　나. 狂歡節豐富了巴西人民文化生活。

　　　　사육제는 브라질 사람들의 문화생활을 풍요롭게 했다.

　　다. 他們的報告深深感動了聽眾。

　　　　그들의 발표는 청중들을 깊이 감동시켰다.

　　라. 冰冷的空氣麻痹了嗅覺。

　　　　찬 공기는 후각을 마비시켰다.

　　마. 艱苦的環境強壯了他的筋骨。

　　　　가난한 환경은 그의 체력을 건장하게 만들었다.

　　바. 一夜細雨滋潤了碧綠的草坪。

　　　　하룻밤 사이에 내린 보슬비는 푸른 잔디밭을 촉촉하게 적셨다.

　　사. 這種政策安定了剛剛建立的政權。

　　　　이러한 정책은 방금 건립된 정권을 안정시켰다.

(173)의 사동주 '網絡時代, 狂歡節, 他們的報告, 冰冷的空氣, 艱苦的環境,

一夜細雨, 這種政策'은 [무정물]의 의미특질 갖는다.

'兼類詞' 사동문의 사동주가 [－유정성]의 성격을 띠는 경우가 많은 것은 한국어의 통사적 사동문, '－시키－' 접미사 사동문의 사동주가 [－유정성]의 성격을 띠는 경우가 많은 것과 매우 유사하다.

b. [사건]

앞에서 논의한 바와 같이 '兼類詞' 사동문은 다음 (174)처럼 사동주가 [사건]의 의미특질을 갖는 경우가 특히 많다.

(174) 가. 印第安人對美洲大陸的開拓豊富了世界人類文明史的內容。
　　　　　인디안 사람들이 신대륙을 개척하여 세계인류문명사의 내용을 풍부하게 했다.
　　　나. 中國商品的湧入豊富了當地匱乏的商品市場。
　　　　　중국 상품이 몰려들어 결핍했던 현지의 시장을 풍부하게 했다.
　　　다. 市場經濟的確立開闊了人們的視野。
　　　　　시장 경제의 확립은 사람들의 시야를 넓혀주었다.
　　　라. 小叔叔的死破碎了爺爺奶奶的心。
　　　　　작은 삼촌의 죽음은 할아버지와 할머니의 마음을 산산조각이 나게 만들었다.

(174)의 사동사건 '印第安人對美洲大陸的開拓, 中國商品的湧入, 市場經濟的確立, 小叔叔的死'는 각각 피사동사건 '世界人類文明史的內容豊富了, 當地匱乏的商品市場豊富了, 人們的視野開闊了, 爺爺奶奶的心破碎了'를 유발하였다. 한편 (174)의 사동사건과 피사동사건 사이에는 원인과 결과의 관계가 성립하지 않는다. 이러한 사실은 다음 (175)를 통해서 확인할 수 있다.

(175) 가. *印第安人對美洲大陸的開拓所以豐富了世界人類文明史的內容。

나. *中國商品的湧入所以豐富了當地匱乏的商品市場。

다. *市場經濟的確立所以開闊了人們的視野。

라. *小叔叔的死所以破碎了爺爺奶奶的心。

(175)는 (174)의 사동사건과 피사동사건 사이에 인과관계의 표지인 '所以'를 넣은 문장으로 고친 것인데 모두 비문이 되었다. 따라서 (174)의 사동사건과 피사동사건 사이에는 원인과 결과의 관계가 성립하지 않는다.

B. [+유정성]

중국어의 '兼類詞' 사동문은 다음 (176)처럼 사동주가 [유정물]의 의미특질을 갖는 경우가 그리 많지 않다.

(176) 他鎮靜了激動的心情。

그는 흥분한 마음을 진정시켰다.

(176)의 사동주 '他'는 [유정물]의 의미특질을 갖는다. '兼類詞' 사동문이 (176)처럼 사동주가 [유정물]의 의미특질을 갖는 경우가 많지 않은 이유는 앞에서 논의한 바와 같이 '兼類詞' 사동문의 서술어는 품사 성격이 형용사에서 동사로 바뀌었을 뿐, 형용사의 의미는 그대로 가지고 있기 때문인 것으로 판단된다. 형용사는 어떤 사물의 성질이나 상태를 나타내기 때문에 이러한 성질이나 상태는 어떤 개별적인 주체에 의해서보다는 어떠한 사건에 의해서 유발되는 경우가 많을 것이다.

C. [기타]

중국어의 '兼類詞' 사동문은 사동사건과 피사동사건 사이에 원인과 결과의 관계가 성립하는 경우도 있고 조건 관계가 성립하는 경우도 있다.

a. 원인과 결과의 관계가 성립하는 경우

다음 (177)을 보자.

> (177) 가. 災民及時得到妥善安置, 安定了人心。
> 이재민들을 제때에 안치하여 민심을 안정시켰다.
> 나. 農作物輪作套種, 疏松了土壤。
> 농작물을 윤작하고 간작하여 토양을 푸석하게 했다.

(177)에서는 사동주가 생략되었으며 생략된 사동주들은 각각 '災民及時得到妥善安置, 農作物輪作套種'이라는 내용을 지칭한다. 즉 (177)의 사동주는 [사건]의 의미특질을 갖는다. (177가)에서는 '災民及時得到妥善安置'라는 사건으로 인해 피사동주인 '人心'이 '安定了'의 결과를 가져오게 하였고 (177나)에서는 '農作物輪作套種'이라는 사건으로 인해 피사동주인 '土壤'이 '疏松了'의 결과를 가져오게 하였다. 이러한 관계는 (177)을 인과관계의 표지 '所以'를 넣은 문장으로 고쳐 씀으로써 확인할 수 있다. 다음 (178)을 보자.

> (178) 가. 災民及時得到妥善安置, 所以安定了人心。
> 나. 農作物輪作套種, 所以疏松了土壤。

(178)에서 확인할 수 있듯이 (177)에 인과 관계의 표지 '所以'를 넣었을 때 문장이 여전히 자연스럽다. 따라서 (178)의 사동사건과 피사동사건 사이에는 원인과 결과의 관계가 성립한다.

b. 조건 관계가 성립하는 경우

다음 (179)를 보자.

　(179) 酒喝下去，興奮了神經，話多了，氣氛活躍了。
　　　　술을 마시면 신경을 흥분하게 만들고 말이 많아지며 분위기도
　　　　활기차게 된다.

　(179)에서 역시 사동주가 생략되었으며 생략된 사동주는 '酒喝下去'라
는 내용을 지칭한다. 즉 (179)의 사동주는 [사건]의 의미특질을 갖는다.
(179)에서는 사동사건 '酒喝下去'는 피사동사건 '興奮了神經'의 조건이
된다. 이러한 사실은 (179)의 사동사건과 피사동사건 사이에 조건관계의
표지인 '就'를 넣어봄으로써 확인할 수 있다. 다음 (180)을 보자.

　(180) 酒喝下去，就興奮了神經，話多了，氣氛活躍了。

　(180)에서 확인할 수 있듯이 (179)의 사동사건과 피사동사건 사이에
조건관계의 표지인 '就'를 넣은 후 문장이 여전히 자연스럽다. 따라서
(179)는 사동사건과 피사동사건 사이에 조건 관계가 성립한다.

4.2.2.2. 피사동주의 의미특질 대조

4.2.2.2.1. '氣' 류 사동문과 '보내다' 류 사동문

　본 연구에서는 〈2.2.3.〉에서 제시한 모든 '氣' 류 동사를 포함하는
사동문을 조사 대상으로 피사동주의 의미특질을 고찰한 결과 [−유정성]
의 성격을 띠는 경우가 많았고 한국어의 '보내다' 류 동사를 포함하는
사동문의 피사동주는 [+유정성]의 성격을 띠는 경우가 많았다.

한편 중국어 '氣' 류 동사를 포함하는 사동문과 한국어 '보내다' 류 동사를 포함하는 사동문은 피사동주가 [사건]의 의미특질을 갖는 경우가 없는 것으로 확인되었다.

A. [-유정성]

다음 (181)을 보자.

(181) 가. 村民亂接電線。

　　　　　촌민들은 전선을 함부로 연결한다.

　　　나. 他鑽進坦克發動了馬達。

　　　　　그는 탱크에 들어가서 모터를 시동을 걸었다.

　　　다. 聽說你改了名字?

　　　　　듣자하니 너 이름을 바꿨다면서?

　　　라. 超市降價出售西瓜。

　　　　　마트에서는 수박을 가격을 낮춰서 판다.

　　　마. 公安機關很快就破了這個案子。

　　　　　경찰서에서는 재빨리 이 사건을 해결하였다.

(181)의 피사동주 '電線, 馬達, 名字, 價, 這個案子'는 모두 [무정물]의 의미특질을 갖는다. 중국어의 '氣' 류 사동문은 (181)처럼 피사동주가 [무정물]의 의미특질을 갖는 경우가 다수를 차지하였다.

이에 반해 한국어의 '보내다' 류 사동문의 피사동주는 [무정물]의 의미특질을 갖는 경우가 적다. 다음 (182)를 보자.

(182) 가. 그는 비행기를 20년간 조종한 베테랑이다.

　　　나. 그는 사업을 한다고 재산을 몽땅 없앴다.

(182)의 피사동주 '비행기, 재산'은 [무정물]의 의미특질을 갖는다. 앞에서 논의한 바와 같이 한국어의 '보내다' 류 동사 중에서 '조종하다'는 '비행기나 선박, 자동차 따위의 기계를 다루어 부리다'의 뜻을 가질 때 사동의 의미를 나타내므로 '조종하다'를 포함하는 사동문의 피사동주는 항상 [무정물]의 의미특질을 갖는다. 이에 반해 '없애다'는 '없다'의 사동사이고 또 '사람이나 동물 따위를 죽이다'의 뜻을 가지므로 '없애다'를 포함하는 사동문의 피사동주는 [무정물]의 의미특질을 가질 수도 있고 [유정물]의 의미특질을 가질 수도 있다. (182나)는 [무정물]의 의미특질을 갖는 경우이다.

B. [+유정성]

다음 (183)을 보자.

(183) 安祿山的兒子安慶緒殺了安祿山, 自己稱帝。
　　　안록산의 아들 안경서는 안록산을 죽이고 왕위에 올랐다.

(183)의 피사동주 '安祿山'은 [유정물]의 의미특질을 갖는다. 중국어의 '氣' 류 사동문은 (183)처럼 피사동주가 [유정물]의 의미특질을 갖는 경우가 매우 적다. 이어 한국어의 경우를 보자.

(184) 가. 어머니는 동생과 싸웠다고 나에게 핀잔을 주셨다.
　　　나. 나는 살충제를 뿌려서 모기를 완전히 없앴다.

(184)의 피사동주 '나에게, 모기를'은 [유정물]의 의미특질을 갖는다. '보내다' 류 동사 중에서 '(영향을) 주다/끼치다, 시키다, 보내다'를 포함하는 사동문의 피사동주도 항상 [유정물]의 의미특질을 갖고 '없애다'를 포함하는 사동문의 피사동주는 (182나)처럼 [무정물]의 의미특질을 갖는 경우도 있다.

4.2.2.2.2. '結束'류 사동문과 '움직이다'류 사동문

본 연구에서는 〈2.2.3.〉에서 제시한 모든 '結束'류 동사를 포함하는 사동문과 〈3.2.3.〉에서 제시한 한국어의 61개의 중립동사를 포함하는 사동문을 조사 대상으로 피사동주의 의미특질을 고찰한 결과 [+유정성]의 성격을 띠는 경우가 다수를 차지하였으며 그 중에서 [사건]의 의미특질을 갖는 경우는 발견하지 못하였다.

A. [−유정성]

다음 (185)를 보자.

(185) 가. 鄕鎭企業縮小了城鄕差別。
　　　　향진기업은 도시와 농촌의 격차를 줄였다.
　　　나. 中國降低了今年的經濟增長的目標。
　　　　중국은 금년의 경제성장 목표를 낮췄다.
　　　다. 全市遷移了兩個較大的市場。
　　　　전 시에서는 두 개의 꽤나 큰 시장을 이전시켰다.
　　　라. 廣東已經於1996年普及了九年制義務教育。
　　　　광동에서는 1996년에 9년제 의무교육을 보급하였다.

(185)의 피사동주 '城鄕差別, 今年的經濟增長的目標, 兩個較大的市場, 九年制義務教育'은 [무정물]의 의미특질을 갖는다. 다음 (186)은 한국어의 경우이다.

(186) 가. 시 의회는 임시회를 개회했다.
　　　나. 어머니는 떡을 들면서도 내게 잔소리를 그치지 않았다.
　　　다. 정부에서 물가를 내리려고 노력하고 있다.
　　　라. 사내는 소 뒤에서 쟁기를 움직여 소가 나아갈 수 있게 한다.
　　　마. 물질문명의 발달이 인간의 정신을 세속화한다.

(186)의 피사동주 '임시회를, 잔소리를, 물가를, 쟁기를, 인간의 정신을'은 [무정물]의 의미특질을 갖는다.

이와 같이 중국어의 '結束' 류 사동문과 한국어의 '움직이다' 류 사동문의 피사동주는 [무정물]의 의미특질을 갖는 경우가 다수를 차지하였다.

B. [+유정성]

다음 (187)과 (188)을 보자.

(187) 努爾哈赤統一了中國東北地區的女眞人。
　　　누르하치는 중국 동북지역의 여진인들을 통일시켰다.

(188) 그는 얼마 안 되는 군사를 이끌고 적을 완전히 소멸하였다.

(187)은 중국어의 '結束' 류 사동문이고 (188)은 한국어의 '움직이다' 류 사동문이다. (187)과 (188)의 피사동주 '中國東北地區的女眞人, 적을'은 모두 [유정물]의 의미특질을 갖는다.

4.2.2.2.3. '兼類詞' 사동문

본 연구에서는 〈표 11〉에 제시되어 있는 81개의 '兼類詞'를 포함하는 사동문을 조사 대상으로 피사동주의 의미특질을 고찰한 결과 [−유정성]의 성격을 띠는 경우가 다수를 차지하였으며 그 중에서 [사건]의 의미특질을 갖는 경우는 없었다.

A. [−유정성]

다음 (189)를 보자.

(189) 가. 村民們終於馴服了洪水。

　　　　촌민들은 드디어 홍수를 정복하였다.

　　나. 許多學校充實了領導班子和教師隊伍。

　　　　많은 학교에서 지도자 집단과 교사진을 강화하였다.

　　다. 外來詞的借用充實了漢語的詞彙。

　　　　외래어의 차용은 한어의 어휘를 풍부하게 했다.

　　라. 長嶺縣嚴明了財務制度。

　　　　장령현에서는 재무제도를 엄격하게 했다.

　　마. 一些州已經嚴格了駕照的發放標准。

　　　　일부 주에서는 이미 운전면허증의 발급 기준을 엄격하게 했다.

　(189)의 피사동주 '洪水, 領導班子和教師隊伍, 漢語的詞彙, 財務制度, 駕照的發放標准'는 모두 [무정물]의 의미특질을 갖는다. 중국어의 '兼類詞' 사동문은 (189)처럼 피사동주가 [무정물]의 의미특질을 갖는 경우가 다수를 차지한다.

B. [+유정성]

다음 (190)을 보자.

(190) 劉文彬,汪霞當場羞了老松的臉面。

　　　류문빈과 왕하는 그 자리에서 송씨 아저씨의 얼굴을 무안하게 만들었다.

　(190)의 피사동주 '老松田的臉面'은 [유정물]의 의미특질을 갖는다. '兼類詞' 사동문의 피사동주가 [-유정성]의 성격을 띠는 경우가 많은 것은 한국어의 접미사 사동문의 피사동주가 [-유정성]의 성격을 띠는 경우가 많은 것과 매우 유사하다.

4.2.3. 사동문의 의미 대조

4.2.3.1. '氣' 류 사동문과 '보내다' 류 사동문

앞에서 논의한 바와 같이 완결사동과 미완결사동은 사동주의 의미특질과 관련되는데 〈2.2.3.〉에 제시되어 있는 '氣' 류 동사를 포함하는 사동문의 사동주는 [+유정성]의 성격을 띠는 것이 대부분이지만 피사동주는 대부분이 [-유정성]의 성격을 띤다. 따라서 '氣' 류 사동문은 완결사동만을 표현하는 것이 일반적이다. 다음 (191가)~(194가)가 바로 완결사동만을 표현하는 경우이다.

    (191) 가. 他高興得動彈了一下腿。[22]

         그는 기뻐서 다리를 움직였다.

        나. *他高興得動彈了一下腿，不過他的腿沒有動起來。

         *그는 기뻐서 다리를 움직였으나 다리는 움직이지 않았다.

    (192) 가. 草坪上的垃圾真殺風景。

         잔디밭의 쓰레기는 정말로 아름다운 풍경을 해친다.

        나. *草坪上的垃圾殺了風景，不過風景沒有受到影響。

         *잔디밭의 쓰레기는 정말로 아름다운 풍경을 해치는데 아름다운
         풍경은 영향을 받지 않았다.

    (193) 가. 超市降價出售西瓜。[23]

         마트에서는 수박을 가격을 낮춰서 판다.

        나. *超市降價出售西瓜，不過西瓜價格沒有降下來。

         *마트에서는 수박을 가격을 낮춰서 파는데 수박가격은 내리지
         않았다.

---

22) 예문 (162나)를 가져온 것이다.
23) 예문 (181라)를 가져온 것이다.

(194) 가. 百貨商店進了新貨。

백화점에서는 새 상품을 들여왔다.

나. *百貨商店進了新貨，不過貨沒到。

*백화점에서는 새 상품을 들여왔으나 새 상품은 도착하지
않았다.

(191가)의 사동주 '他'는 [유정물]의 의미특질을 갖지만 피사동주 '腿'는
[무정물]의 의미특질을 갖는다. 따라서 (191가)는 피사동행위의 완결됨을
전제로 하는 문장이고 (191가)를 피사동행위가 이루어지지 않았음을 나타
내는 문장으로 고친 (191나)는 비문이 되었다. (192가)~(194가)의 사동주
'草坪上的垃圾，超市，百貨商店'은 모두 [무정물]의 의미특질을 갖는다.
따라서 (192가)~(194가)를 피사동행위가 이루어지지 않았음을 나타내는
절을 추가한 문장으로 고친 (192나)~(194나)는 모두 비문이 되었다.

따라서 (192가)~(194가)는 모두 완결사동만을 표현한다. 한편 '氣'
류 동사 사동문은 다음 (195가)처럼 완결사동과 미완결사동을 모두 표현
하는 경우가 있다.

(195) 가. 我氣了他。

나는 그를 화나게 했다.

나. 我氣了他，不過他沒有生氣。

나는 그를 화나게 했으나 그는 화를 내지 않았다.

(195가)의 사동주와 피사동주는 모두 [유정물]의 의미특질을 갖는다.
따라서 사동주의 행위는 끝났어도 피사동주의 행위는 끝나지 않았을 수가
있고 (195나)는 여전히 성립한다. 중국어에는 (195가)처럼 경우에 따라
완결사동과 미완결사동을 모두 표현하는 '氣' 류 동사 사동문이 많지 않다.

이어 한국어의 '보내다' 류 동사 사동문을 고찰하도록 하겠다. 다음 (196)~(200)는

김형배(1996)에서 제시한 한국어의 '보내다' 류 동사 사동문이다.

(196) 가. 선생님은 지각한 학생들에게 청소를 시켰다.
　　　 나. 선생님은 지각한 학생들에게 청소를 시켰으나 학생들은
　　　　　 하지 않았다.

(197) 가. 그는 방학이면 아이를 시골에 보냈다.
　　　 나. 그는 방학이면 아이를 시골에 보냈으나 아이들은 가지
　　　　　 않았다.

(198) 가. 어머니는 동생과 싸웠다고 나에게 핀잔을 주셨다.24)
　　　 나. 어머니는 동생과 싸웠다고 나에게 핀잔을 주셨으나 나는
　　　　　 핀잔을 듣지 않고 뛰쳐나갔다.

(199) 가. 공사로 보행자에게 불편을 끼쳤다.
　　　 나. 공사로 보행자에게 불편을 끼쳤으나 보행자들은 불편하게
　　　　　 느끼지 않았다.

(200) 가. 그는 사업을 한다고 재산을 몽땅 없앴다.25)
　　　 나. *그는 재산을 몽땅 없앴으나 재산은 없어지지 않았다.

(196가)~(199가)를 (196나)~(199나)로 고쳤을 때 문장이 여전히 성립
한다. 따라서 (196가)~(199가)는 경우에 따라 완결사동과 미완결사동을
모두 표현한다. 이에 반해 (200가)를 (200나)처럼 고쳤을 때 비문이
되었다. 이와 같이 한국어의 '보내다' 류 동사 사동문은 대부분이 완결사
동과 미완결사동을 모두 표현하고 일부가 완결사동만을 표현한다. 즉

---

24) 예문 (184가)를 가져온 것이다.
25) 예문 (182나)를 가져온 것이다.

한국어의 '보내다' 류 사동문은 '없애다'를 포함하는 사동문이 완결사동만을 표현하는 경우가 있는 외에 나머지 사동사를 포함하는 사동문은 담화 상황에 따라 완결사동과 미완결사동을 모두 표현한다.

4.2.3.2. '結束' 류 사동문과 '움직이다' 류 사동문

본 연구에서는 〈3.2.3.〉에 제시되어 있는 '結束' 류 동사를 포함하는 사동문을 살펴본 결과 대부분이 완결사동만을 표현함이 확인되었다. 다음 (201가)~(205가)가 그 경우이다.

(201) 가. 總理這一舉動消除了人們對艾滋病人的恐懼心理。
　　　　총리의 이 동작은 에이즈환자에 대한 사람들의 공포 심리를 없앴다.
　　나. *總理這一舉動消除了人們對艾滋病人的恐懼心理, 不過人們對艾滋病人的恐懼心理沒有消除。
　　　　*총리의 이 동작은 에이즈환자에 대한 사람들의 공포 심리를 없앴지만 에이즈환자에 대한 사람들의 공포 심리는 없어지지 않았다.

(202) 가. 樹木降低了噪聲。
　　　　나무는 소음을 줄였다.
　　나. *樹木降低了噪聲, 不過噪聲沒有降低。
　　　　*나무가 소음을 줄였으나 소음은 줄지 않았다.

(203) 가. 戰爭削弱了美國與盟國的關系。
　　　　전쟁은 미국과 동맹국의 관계를 해쳤다.
　　나. *戰爭削弱了美國與盟國的關系, 不過美國與盟國的關系沒有削弱。
　　　　전쟁은 미국과 동맹국의 관계를 해쳤으나 미국과 동맹국의 관계는 영향 받지 않았다.

(204) 가. 學校停課了.
　　　　학교에서는 수업을 중지했다.
　　나. *學校停課了, 不過課沒有停.
　　　　*학교에서는 수업을 중지했으나 수업은 중지되지 않았다.

(205) 가. 鄕鎭企業扭轉了農村隱性失業情況.
　　　　향진기업은 농촌의 잠재적 실업을 되돌렸다.
　　나. *鄕鎭企業扭轉了農村隱性失業情況, 不過農村隱性失業情況沒有扭轉.
　　　　*향진기업은 농촌의 잠재적 실업을 되돌렸으나 농촌의 잠재적
　　　　실업은 호전이 없다.

　(201)~(205)에서 확인할 수 있듯이 (201가)~(205가)는 모두 피사동
행위의 완결됨을 전제로 하는 완결사동만을 표현한다.
　이어 한국어의 '움직이다' 류 동사 사동문에 대해 고찰하도록 하겠다.
본 연구에서는 3장에서 제시한 61개의 중립동사를 포함하는 문장을 모두
살펴본 결과 '움직이다' 류 동사 사동문 역시 대부분이 완결사동만을
표현함이 확인되었다. 다음 (206)~(212)을 보자.

(206) 가. GM의 대우차 인수는 이런 변화를 더욱 가속화하고 있다.
　　나. *GM의 대우차 인수는 이런 변화를 더욱 가속화하고 있으나
　　　　이러한 변화는 가속화하지 않았다.

(207) 가. 공통된 취미가 두 사람의 관계를 더욱 결속한다.
　　나. *공통된 취미가 두 사람의 관계를 더욱 결속하였으나 두
　　　　사람의 관계는 결속하지 않았다.

(208) 가. 그는 병역을 기피하기 위해 고의적으로 체중을 감량했다.
　　　나. *그는 병역을 기피하기 위해 고의적으로 체중을 감량했으나
　　　　　체중은 감량하지 않았다.

(209) 가. 환자는 의사의 손을 꼭 쥐고 눈물을 글썽였다.
　　　나. *환자는 의사의 손을 꼭 쥐고 눈물을 글썽였으나 눈물은
　　　　　글썽이지 않았다.

(210) 가. 의료진은 모두 동작을 멈추었다.
　　　나. *의료진은 모두 동작을 멈추었으나 동작은 멈추지 않았다.

(211) 가. 현대백화점 여자탁구팀이 마침내 간판을 내렸다.
　　　나. *현대백화점 여자탁구팀이 마침내 간판을 내렸으나 간판은
　　　　　내리지 않았다.

(212) 가. 이러한 경제적 민감성이 미국 대학의 경쟁력을 세계적
　　　　　수준으로 향상하였다.
　　　나. *이러한 경제적 민감성이 미국 대학의 경쟁력을 세계적
　　　　　수준으로 향상하였으나 미국 대학의 경쟁력은 세계적 수준으로
　　　　　향상하지 않았다.

(206)～(212)에서 확인할 수 있듯이 (206가)~(212가)를 피사동행위가
이루어지지 않았음을 나타내는 절을 추가한 (206나)~(212나)는 모두
비문이 되었다. 이와 같이 한국어의 '움직이다' 류 동사 사동문은 일반적
으로 완결사동만을 표현한다. 한편 다음 (213가)처럼 담화상황에 따라
완결사동과 미완결사동을 모두 표현하는 경우도 일부 있다.

(213) 가. 회사들이 人力管理委員會라는 것을 두고 여러 가지 방법으로
　　　　　社員을 훈련시키고 있다.

나. 회사들이 人力管理委員會라는 것을 두고 여러 가지 방법으로
　　社員을 훈련시키고 있으나 사원들은 훈련하지 않는다.

(213)에서 확인할 수 있듯이 (213가)는 피사동행위의 완결됨을 전제로
하지 않는다. 즉 사동행위가 끝났으나 피사동행위는 끝나지 않을 수 있다.
따라서 (213가)는 경우에 따라 완결사동과 미완결사동을 모두 표현한다.
그 이유는 사동주와 피사동주가 모두 [유정물]의 의미특질을 갖기 때문이다.

4.2.3.3. '兼類詞' 사동문

본 연구에서는 〈표 11〉에 제시되어 있는 86개의 '兼類詞'를 포함하는
사동문을 살펴보았는데 대부분이 완결사동만을 표현하고 극히 일부가 완결
사동과 미완결사동을 모두 표현함이 확인되었다. 다음 (214가)~(216가)는
완결사동만을 표현하는 경우이다.

(214) 가. 經濟政策活躍了市場氣氛。
　　　　　경제정책은 시장 분위기를 활성화시켰다.
　　　나. *經濟政策活躍了市場氣氛, 不過市場氣氛沒有活躍。
　　　　　*경제정책은 시장 분위기를 활성화시켰으나 시장 분위기는
　　　　　활성화되지 않았다.

(215) 가. 鄕鎭企業的發展壯大了鄕村經濟的實力。
　　　　　향진기업의 발전은 농촌경제의 실력을 강대해지게 했다.
　　　나. *鄕鎭企業的發展壯大了鄕村經濟的實力,
　　　　　不過鄕村經濟的實力沒有壯大。
　　　　　*향진기업의 발전은 농촌경제의 실력을 강대해지게 했으나
　　　　　농촌경제의 실력은 강대해지지 않았다.

(216) 가. 體育豐富了這裏人們的生活。

　　　　체육은 이 지역 사람들의 삶을 풍요롭게 했다.

　　나. *體育豐富了這裏人們的生活, 不過人們的生活沒有豐富。

　　　　*체육은 이 지역 사람들의 삶을 풍요롭게 했으나 사람들의
　　　　삶의 질은 높아지지 않았다.

　(214)~(216)에서 확인할 수 있듯이 (214가)~(216가)는 피사동행위의 완결됨을 전제로 하는 완결사동을 표현한다. 한편 중국어의 '兼類詞' 사동문은 다음 (217가)처럼 경우에 따라 완결사동과 미완결사동을 모두 표현하는 경우도 더러 있다.

(217) 가. 他們分散了鱷魚的注意力。

　　　　그들은 악어의 주의력을 분산시켰다.

　　나. 他們分散了鱷魚的注意力, 不過鱷魚的注意力沒有分散。

　　　　그들은 악어의 주의력을 분산시켰으나 악어의 주의력은 분산
　　　　되지 않았다.

　(217)에서 확인할 수 있듯이 (217가)는 피사동행위의 변화를 전제로 하지 않는다. 즉 (217가)는 상황에 따라 완결사동을 표현하기도 하고 미완결사동을 표현하기도 한다.

　이와 같이 '兼類詞' 사동문은 의미적으로 완결사동만을 표현하는 경우가 많은데 이는 한국어의 통사적 사동문, '-시키-' 접미사 사동문이 일반적으로 완결사동을 표현하는 것과 매우 유사하다.

제5장

결론

제5장 결론

본서는 중국어와 한국어에서 사동이 어떠한 방법으로 실현되며 어떠한 비슷한 점과 다른 점이 있는지에 대해 대조적으로 분석함으로써 중국어와 한국어를 가르치는 교사나 연구자를 위한 참고자료를 구축하고자 하였다. 지금까지 살펴본 내용을 정리하면 다음과 같다.

1) 중국어의 사동문은 '使' 자 사동문과 어휘적 사동문으로 분류하였다. 그리고 어휘적 사동은 '氣' 류 동사에 의한 것, '結束' 류 동사에 의한 것, '兼類詞'에 의한 것으로 분류하였다. 한국어의 사동문은 접미사 사동문, 통사적 사동문, 어휘적 사동문으로 분류하였다. 접미사 사동은 '−이−' 류 사동접미사 사동과 '−시키−' 접미사 사동으로 구분하였고 어휘적 사동은 어휘 자체에 사동의 의미를 함축하고 있는 '보내다' 류 동사에 의한 것과 자동사와 타동사로 모두 쓰이며 타동사로 쓰일 때 사동의 의미를 갖는 '움직이다' 류 동사에 의한 것으로 분류하였다.

2) 사동의 실현에 있어서 고립어인 중국어에서는 형태적 변화가 없기 때문에 새로운 동사 '使' 등을 추가하는 방법을 사용한다. 이는 한국어의 통사적 사동과 매우 유사하다. 한편 교착어인 한국어에서는 형태적 변화가 있으므로 용언 어근에 사동접미사를 붙여서 사동을 실현하기도 한다. 그러나 고립어인 중국어에서는 이러한 사동법을 찾을 수가 없다. 중국어가 고립어라는 사실을 고려하여 볼 때 '使'와 같은 동사를 사용하여 실현하는 사동과 한국어의 접미사 사동을 대조의 대상으로 묶는 것은 합리적이라고 할 수 있다. 따라서 본 연구에서는 중국어의 '使' 자 사동문을 한국어의 통사적 사동문, 접미사 사동문과 대조하였다.

한편 중국어의 '氣' 류 동사는 어휘 자체에 사동의 의미를 함축하고 있다는 데에서 한국어의 '보내다' 류 동사와 매우 유사하고 중국어의 '結束' 류 동사는 자동사와 타동사로 모두 쓰이며 타동사로 쓰일 때 사동의 의미를 갖는다는 데에서 한국어의 '움직이다' 류 동사와 매우 유사하므로 양자를 대조의 대상으로 묶었다. 이밖에 중국어에는 사동의 의미를 갖는 '兼類詞'가 있는데 이러한 동사는 한국어에 존재하지 않는다. 따라서 그 한국어 대응 형태에 대해서 논의하였다.

3) 중국어를 기준언어로, 한국어를 연구 대상언어로 설정하여 '使' 자 사동문과 한국어의 통사적 사동문, 접미사 사동문의 대조에서는 우선 양 언어 사동 장치의 형태를 대조적으로 분석하였다. 그리고 주동문에서 사동문으로 바뀌는 과정에서 나타나는 논항 수의 변화와 논항 형태의 변화를 고찰하였다. 아울러 사동주와 피사동주의 의미특질을 고찰하였으며 마지막으로 사동행위가 피사동행위의 완결됨을 전제로 하느냐 미완결됨을 전제로 하느냐를 통해서 다양한 사동문들 사이의 의미 차이를 파악하는 데 도움을 주고자 하였다. 중·한 어휘적 사동의 대조에서는 우선 양 언어의 사동사의 유형을 대조하였다. 아울러 사동주와 피사동주의 의미특질을 대조하였고 마지막으로 완결사동과 미완결사동의 여부에 대해 고찰함으로써 사동문들 사이의 의미적 차이를 제시하였다.

4) 중국어의 '使' 자 사동은 '使' 유형 동사에 의해 실현되고 한국어의 통사적 사동은 '-게/도록 하/마들-'에 의해 실현된다. 전자는 동사인 데 반해 후자는 어미 '-게/도록'과 보조동사 '하/만들-'이 결합하여 이루어진 형태이다. 그리고 한국어의 접미사 사동은 사동접미사에 의해 실현되는 사동법이다. 한편 중국어의 '使' 유형 동사에 속하는

동사들 중에는 피동을 나타내는 경우가 있는데 이는 한국어의 '-이-' 류 사동접미사 중에 피동을 나타는 경우가 있는 것과 매우 유사하다.

5) 주동문에서 사동문으로 바뀐 후 중국어의 '使' 자 사동문은 한국어의 통사적 사동문, 접미사 사동문과 논항 수의 변화가 동일하다. 즉 주동사가 타동사인 경우 논항이 1개에서 2개로 늘어나고 주동사가 자동사나 형용사인 경우 논항이 2개에서 3개로 늘어난다. 한편 중국어는 고립어로서 격 표지가 없지만 한국어에서는 통사적 사동이냐 접미사 사동이냐에 따라서, 그리고 주동문이 타동사 구문이냐 자동사 구문이냐 형용사 구문이냐에 따라서 피사동주에 붙는 조사가 다양하게 변한다.

6) 중국어 '使'에 의한 사동문은 한국어 통사적 사동문, '-시키-' 접미사 사동문과 함께 사동주가 [-유정성]의 의미특질을 갖는 경우가 다수를 차지한다. 사동주가 [+유정성]의 의미특질을 갖는 경우 중국어에서는 '讓'에 의한 사동문을 사용하는 것이 일반적이지만 한국어에서는 '-이-' 류 접미사 사동문을 사용하는 것이 일반적이다. 중국어 '使' 자 사동문의 사동주는 [-유정성]의 성격을 띠는 경우 [사건]의 의미특질을 갖는 것이 상당히 많다. 이에 반해 한국어의 사동문은 사동주가 [사건]의 의미특질을 갖는 경우가 극히 드물다. 특히 한국어의 '-이-' 류 접미사 사동문에서는 그러한 경우를 찾아보기가 힘들다. 중국어 '使' 자 사동문과 한국어 통사적 사동문, 접미사 사동문은 사동사건과 피사동사건 사이에 원인과 결과의 관계, 조건 관계가 성립하는 경우가 있는데 이러한 문장은 사동을 실현하는 장치를 생략하거나 사동사를 원동사로 바꿔도 그 의미가 크게 달라지지 않는다. 그리고 한국어에서는 사동사건과 피사동사건의 관계가 연결어미 등 표지를 통해서 드러나지만 중국어에서는 격 표지가 없기 때문에 '所以, 就'와 같은 표지를 사용하여 그러한 관계를 확인할 수 있다.

7) 중국어의 '使' 자 사동문은 한국어의 통사적 사동문과 함께 피사동주가 [+유정성]의 성격을 띠는 경우가 많다. 이에 반해 한국어의 접미사 사동문은 피사동주가 [−유정성]의 성격을 띠는 경우가 다수를 차지한다. 특히 한국어의 '−시키−' 접미사 사동문의 피사동주는 [+유정성]의 성격을 띠는 경우가 극히 적은데 이는 '−시키−' 접미사 사동사는 그 표현이 그리 좋지 않기 때문에 [+유정성]의 성격을 띤 주체 특히 사람을 상대로 사용하기에는 적절하지 않기 때문인 것으로 보인다.

8) 중국어에서는 감사 표현의 문장에서 '讓'을 사용하여 사동주에 대한 감사의 뜻을 부각시키기 위해 피사동행위를 초점화하고 사과 표현의 문장에서 '讓'을 사용하여 피사동주에 대한 사과의 뜻을 부각시키기 위해 사동주의 행위를 초점화한다. 한국어에서는 감사 표현의 문장에서는 사동주에 대한 감사의 뜻을 강조하기 위해 보조동사 '−어 주−'를 사용하고 사과 표현의 문장에서는 피사동주의 행위로 인해 안 좋은 결과를 가져오게 했다는 의미를 강조하기 위해 '죄송합니다'를 덧붙이는 것이 일반적이다.

9) 완결사동이냐 미완결사동이냐의 문제는 사동주의 성격과 밀접한 관련이 있다고 할 수 있겠다. 즉 사동주가 [−유정성]의 성격을 띠는 경우에는 일반적으로 완결사동을 표현하고 사동주가 [+유정성]의 성격을 띠는 경우에는 피사동주가 [−유정성]의 성격을 띠느냐 [+유정성]의 성격을 띠느냐에 따라 완결사동만을 표현하기도 하고 완결사동과 미완결사동을 모두 표현하기도 한다. 중국어의 '使'에 의한 사동문과 한국어의 통사적 사동문, '−시키−' 접미사 사동문은 사동주가 [−유정성]의 성격을 띠는 경우가 많으므로 일반적으로 완결사동만을 표현한다. 중국어의 '讓'에 의한 사동문은 사동주와 피사동주가 모두 [+유정성]의 성격을 띠는 경우가

다수를 차지하므로 담화상황에 따라서 완결사동을 표현하기도 하고 미완결사동을 표현하기도 한다. 한국어의 '−이−' 류 접미사 사동문의 사동주는 [+유정성]의 성격을 띠는 경우가 많지만 피사동주는 [−유정성]의 성격을 띠는 경우가 많으므로 일반적으로 완결사동만을 표현한다.

10) 중국어의 '氣' 류 동사와 한국어의 '보내다' 류 동사, 중국어의 '結束' 류 동사와 한국어의 '움직이다' 류 동사는 형태적으로는 매우 유사하나 의미적으로는 그리 대응하지 않는다. 그리고 사동의 의미를 갖는 중국어의 '兼類詞'는 한국어의 한자어로 환원이 되는 경우 '−시키−' 접미사 사동사와 의미적으로 대응한다. 그 외에는 대부분이 한국어의 통사적 사동 구성과 대응하고 극히 소수가 접미사 사동사와 대응한다.

11) 중국어 '氣' 류 사동문의 사동주는 [+유정성]의 성격을 띠는 경우가 대부분이다. 한국어의 '보내다' 류 동사 중에서 '(영향을) 주다/끼치다'를 포함하는 사동문만이 사동주가 [−유정성]의 성격을 띠는 경우가 있다.
'結束' 류 사동문과 '움직이다' 류 사동문의 사동주는 모두 [+유정성]의 성격을 띠는 경우가 다수를 차지한다. 한편 중국어의 '結束' 류 사동문의 사동주는 [사건]의 의미특질을 갖는 경우도 많다. 그리고 중국어의 '結束' 류 사동문과 한국어의 '움직이다' 류 사동문은 모두 사동사건과 피사동사건 사이에 원인과 결과의 관계가 성립하는 경우가 있다.
'兼類詞' 사동문의 사동주는 [−유정성]의 성격을 띠는 경우가 많고 그 중에서도 [사건]의 의미특질을 갖는 경우가 상당히 많다. 이는 '兼類詞'가 형용사의 의미를 여전히 갖고 있고 따라서 이러한 피사동사건은 어떠한 사건으로부터 유발되는 경우가 많기 때문인 것으로 짐작된다. '兼類詞' 사동문의 사동주가 [−유정성]의 성격을 띠는 경우가 많은 것은 한국어의 통사적 사동문, '−시키−' 접미사 사동문의 사동주가 [−유정성]의 성격을 띠는 것이 많은 것과 매우 유사하다.

12) '氣' 류 사동문의 피사동주는 [-유정성]의 성격을 띠는 경우가 많다. 한국어의 '보내다' 류 동사 중에서 '(영향을) 주다/끼치다, 시키다, 보내다'를 포함하는 사동문의 피사동주는 항상 [+유정성]의 성격을 띠고 '없애다'를 포함하는 사동문의 피사동주는 [-유정성]의 성격을 띠는 경우도 있다. 그리고 '조종하다'를 포함하는 사동문의 피사동주는 항상 [-유정성]의 성격을 띤다. '結束' 류 사동문과 '움직이다' 류 사동문의 피사동주는 모두 [+유정성]의 성격을 띠는 경우가 다수를 차지한다. '兼類詞' 사동문의 피사동주는 [-유정성]의 성격을 띠는 경우가 다수를 차지하며 [사건]의 의미특질을 갖는 경우는 없다. '兼類詞' 사동문의 피사동주가 [-유정성]의 성격을 띠는 경우가 많은 것은 한국어의 접미사 사동문의 피사동주가 [-유정성]의 성격을 띠는 경우가 많은 것과 매우 유사하다.

13) '氣' 류 사동문의 사동주는 [+유정성]의 성격을 띠는 것이 대부분이지만 피사동주는 대부분이 [-유정성]의 성격을 띤다. 따라서 '氣' 류 사동문은 완결사동만을 표현하는 것이 일반적이다. 한국어의 '보내다' 류 사동문은 '없애다'를 포함하는 사동문이 완결사동만을 표현하는 경우가 있는 외에 나머지 동사를 포함하는 사동문은 경우에 따라 완결사동과 미완결사동을 모두 표현한다. '結束' 류 사동문과 한국어의 '움직이다' 류 사동문은 모두 완결사동만을 표현하는 것이 일반적이다. '兼類詞' 사동문은 대부분이 완결사동만을 표현한다. 이는 한국어의 통사적 사동문, 접미사 사동문이 일반적으로 완결사동만을 표현하는 것과 매우 유사하다.

본 연구에서는 중국어와 한국어의 사동문을 중국어교육과 한국어교육에 맞게 분류하고 비슷한 사동 유형을 대조의 대상으로 묶어서 사동의 실현방법, 주동문에서 사동문으로 바뀐 후 논항 수 및 논항 형태의 변화, 사동문을 구성하는 중요한 요소인 사동주와 피사동주의 의미특질, 다양한 사동문 사이의 의미적 차이점에 대해 구체적으로 분석하였다. 특히 본 연구에서는 중국어와 한국어의 어휘적 사동을 연구의 범위에 포함시켜 양 언어의 어휘적 사동사를 재정리하였고 중국어와 한국어의 어휘적 사동사의 유형을 세밀하게 대조하였을 뿐만 아니라 이들 어휘적 사동사에 의해 만들어진 사동문의 사동주 및 피사동주의 의미특질을 일일이 고찰하였고 마지막으로 완결사동과 미완결사동의 여부에 대한 분석을 통해서 그 의미 차이의 파악에 도움을 주고자 하였다. 기존의 연구들에서 어휘적 사동사에 대한 연구가 미흡했다는 점에서 볼 때 의미가 있다고 생각한다. 또한 어휘적 사동법은 형태적 변화가 없는 중국어에서 매우 중요한 사동법이기 때문에 한국어와 대조하는 것은 한국인 중국어 학습자와 중국인 한국어 학습자들에게 참고할 만한 자료가 될 수 있을 것이다.

참고문헌

1. 한국어 자료(가나다순)

H. Douglas Brown(1980)/이홍수 외 역(2007), 『외국어 학습·교수의 원리 (Principles of Language Learning and Teaching)』(제5판), 서울: 피어슨 에듀케이션 코리아, P266~308.

Susan M. Gass; Larry Selinker/박의재 역(1999), 『제2언어 습득론(Second Language Acquisition)』, 서울: 한신문화사.

강진식(2001), 『最新中韓詞典』, 黑龍江朝鮮民族出版社.

강현화 외(2003), 『대조분석론』, 서울: 역락출판사.

고대민족문화연구소 중국어대사전편찬실(1989), 『중한사전』, 고려대학교민족문화연구원소.

고영근(1973), "現代國語의 接尾辭에 대한 構造的 研究(Ⅲ)",『語學研究』, P64~74.

고영근(1986), "능격성과 국어의 통사 구조",『한글』제192호, P43~76.

고영근(1989), 『국어 형태론 연구』, 서울: 서울대학교출판부, P525~585.

고정의(1990), "사동법",『국어연구 어디까지 왔나』, 서울대학교대학원 국어연구회 편, P500~510.

국립국어원(2005), 『한국어문법1』, 서울: 커뮤니케이션북스.

국립국어원, 『표준국어대사전』, http://stdweb2.korean.go.kr/main.jsp

권재일(1991), "사동법 실현 방법의 역사",『한글』제211호, P99~124.

권재일(1992), 『한국어 통사론』, 민음사, P155-159.

근향동(2012), "중국인 학습자의 한국어 사동 표현 오류 연구", 경희대학교 석사학위논문.

김규철(1995), "국어 사동법의 명칭과 의미에 대하여",『陸士論文集』제4집, P43~68.

김기혁(1995), 『국어 문법 연구: 형태, 통어론』, 서울: 박이정, P475~483.

김명권(2009), "한국어 파생 사동사 교수 방안 연구: 교재 분석을 중심으로", 선문대학교 석사학위논문.

김병일(1986), "國語의 使動 研究", 慶南大學校 석사학위논문.

김봉민(2012), "한국어와 중국어의 사동사 대조 연구", 경희대학교 박사학위논문.

김석득(1970), 시킴 변형의 구조와 공기 관계, 『한글』 제146호, P407~442.

김석득(1971), 『국어 구조론: 한국어의 형태·통사 구조론 연구: 피동 및 사동접미사의 공존관계와 변형구조』, 서울: 연세대학교 출판부, P13~21.

김석득(1980), "자리 만듦성(능격성, ergativite)과 시킴월(사동문) 되기 제약", 『말』 제5집, P35~52.

김석득(1987), "시킴(사동)법과 입음(피동)법", 『국어생활』 제8호, P89~103.

김석득(1994), 『우리말 형태론 -말본론-』, 서울: 탑출판사, P498~503.

김성주(1994), "'-시키다' 사동", 『국어학회 공동연구회 발표논문』.

김성주(1997), "국어 사동문 연구", 동국대학교 박사학위논문.

김성주(2002), "'-시키-' 동사의 유형과 국어의 사동문", 『국어국문학』 132집, P5~29.

김성주(2005), "석독구결의 사동표현", 『구결연구』 제14집, P147~171.

김소라(2009), "피동 사동 표현의 학습 내용 선정과 교육 방안 연구", 건국대학교 석사학위논문.

김소연(2011), "'장면에 따른 표현 방식'의 교육 내용 연구: 10학년 검인정 국어 교과서를 중심으로", 경북대학교교육대학원 석사학위논문.

김영일 (1977), "국어 사동법 연구", 부산대학교 석사학위논문.

김영희(1985), "주어올리기", 『국어학』 제14권, P337~360.

김영희(1989), "國語의 被動과 使動", 東亞大學校 석사학위논문.

김영희(1993), "'-게 하-' 사동 구문의 세 유형", 『어문학』 제54집, P89~120.

김윤신(2001), "파생동사의 어휘의미구조: 사동화와 피동화를 중심으로", 서울대학교 박사학위논문. P35~100.

김윤정(2008), "현대중국어 사동구문 비교 분석 연구", 『중어중문학』 제42집, P217~245.

김은주(2018), "현대중국어 어휘 사동문 연구: 형태, 통사, 의미적 특징과 형식 기제를 중심으로", 고려대학교 박사학위논문.

김은애(2008), "표현 양상 연구와 연구 방법론(-한국어와 일본어의 대조 연구-)", 『외국어로서의 한국어교육』 제33집, P95~116.

김일웅(1978), "'-이-' 사역문과 타동문", 『허웅박사 회갑기념 논문집』, P183~206.

김정대(1988), "사동논의에 대한 반성", 『어문논집』 제3호.

김정대(1989), "'-게 하다' 사동구문의 기저구조 Ⅰ", 『경남어문논집』 제2집,

　　　P133~157.

김정대(1990), "'-게 하다' 사동구문의 기저구조 Ⅱ", 『人文論叢』 제2집, P3~21.

김제열(1990), "'-게 하다' 사동문의 성격과 구조", 『외국어로서의 한국어교육』 제20권1호, P129~160.

김차균(1980), "국어의 사역과 수동의 의미", 『한글』 제168호, P5~47.

김한곤(1969), "대조분석 방법론: 전이문법과 변성문법의 입장에서", 『언어교육』 제1권 제2호, P6~19.

김형배(1995), "'-시키다'에 의한 합성적 사동법 연구", 『한말연구』 제1호, P53~79.

김형배(1996), "20세기 국어 사동사 파생에 관한 연구", 『한말연구』 제2호, P65~90.

김형배(1997), "국어 파생 사동사의 통시적 연구", 건국대학교 박사학위논문.

김형배(2005), "파생 사동사의 범주", 『한민족문화연구』 제17호, P287~306.

남경완·유혜원, "한국어 구문 분석을 위한 서술성 명사 연구", 『어문논집』 51, P127~153.

남기심(2001), 『현대 국어 통사론』, 파주: 태학사, P293~302.

남기심·고영근(1985), 『표준국어문법론』, 서울: 탑출판사, P289~291.

노금송(2014), "한중 사동문 구조 유형과 의미 대조 분석", 『우리말연구』 제39집, P117~139.

노마 히데키(2002), "한국어 문법교육의 새로운 전개를 위하여-특히 일본어 모어 화자를 위하여-", 『외국어로서의 한국어 교육 (구말)』 제27집, P84~101.

류성기(1993), "國語 使動詞에 關한 通時的 硏究", 全州大學校 박사학위논문.

마문나(2012), "現代 中國語 區別詞 硏究" 성균관대학교 박사학위논문.

박경자 외(2001), 『응용언어학사전』, 서울: 경진문화사.

박미정(2002), "現代中國語의 使動表現 硏究", 연세대학교 박사학위논문.

박민진(2004), "피동·사동 표현 지도 방법에 관한 연구", 인제대학교교육대학원 석사학위논문.

박병수(1974나), "어휘 해체분석(lexical decomposition)이라는 것에 대하여", 『어학연구』 제10권 제2호, P38~53.

박병수(1995), "사동 구문의 정보 기반적 분석", 『언어연구』 제13권, P1~12.

박소은(2012), "국어 장형사동 구문의 의미 유형 연구", 서강대학교 석사학위논문.

박양규(1978), "사동과 피동", 『국어학』 제7호, P47~70.

박연옥 · 박동호(2008), "한국어 교육을 위한 한중 사동문 대조 연구", 『언어와 문화』 제4권 제3호, P127~149.

박영목(1977), "국어 사동사와 피동사의 의미 구조", 서울대학교 석사학위논문.

박영선(1985), "국어의 피동과 사동 연구-피 · 사동의 관계-", 새얼어문논집 제1권, P237~237.

박철우(1956), "'N+시키-' 구성의 유형 고찰을 통한 사동 현상의 재해석", 『한국어학』 제26권, P155~182.

박현석(2011), "한국어 '-게 하다' 사동구문에 관한 연구", 『영어영문학21』 제24권 제3호, P121~140.

박형익(1989), "동사 '주다'의 세 가지 용법", 『한글학회』, P145~163.

배희임(1985), "국어피동연구", 고려대학교 박사학위논문.

백수진(2003), "중한 언어 대조와 번역", 『동서문화』 제33집, P59~80.

서원임(1974), "사동법 기술 시안", 『문법연구』 제1집.

서정수(1975), 『동사 '하'의 문법』, 파주: 형설출판사.

서정수(1987), ""게"와 "도록"에 관하여", 『人文論叢』 제14권, P41~67.

서정수(1994), 『국어문법』, 뿌리 깊은 나무, P976~975.

서정수(2006), 『국어문법』, 한세본, P1077.

石綿敏雄 · 高田誠/오미영 역(2007), 『대조언어학』(개정판), 서울: 제이앤씨, P13.

성광수(외)(2005), 『시와 그림이 있는 한국어 표현 문법』, 서울: 한국문화사, P196~211.

손호민(1978), "긴 形과 짧은 形", 『어학연구』, 제14권 제2호, P141~151.

송복승(1995), "국어 사동문과 피동문의 논항구조 연구", 서강대학교 박사학위논문.

송석중(1978b), "사동문의 두 형식", 『언어』 제3집 제2호, P1~13.

송창선(1998), 『국어 사동법 연구』, 서울: 홍문각.

심지영(2016), "한국어 결과구문 연구-한중대조 및 한국어교육의 관점에서", 서울대학교 박사학위논문.

안병희(1987), 『十五世紀 國語의 活用語幹에 對한 形態論的 硏究』, 서울: 탑출판사.

안상철 · 최인철(2006), 『영한대조분석』, 서울: 한국문화사.

양경모(1984), "사역과 한국어 사역구문", 서울대학교 석사학위논문.

양동휘(1979), "국어의 피 · 사동", 『한글』, 제166호, P189~206.

양정석(1992), "한국어 동사의 어휘구조 연구", 연세대학교 박사학위논문.

양정석(1995), 『국어동사의 의미 분석과 연결이론』, 서울: 박이정.

연재훈(1989), "국어 중립 동사 구문에 대한 연구", 『한글』, 제203호, P165~188.

유경민(2005), "'X하-'와 'X되-' 및 'X시키-'의 대응쌍 연구", 『국어학』, 46집, P147~385.

유경종(1995), "근대 국어 피동과 사동 표현의 연구", 한양대학교 박사학위논문.

유명희(1982), "타동 접미형과 '-게-' 형의 의미 비교", 연세대학교 석사학위논문.

유목상(2007), 『한국어의 문법구조』, 서울: 한국문화사, P212~217.

유승섭(2007), "국어 접미파생 사동문의 논항형성 고찰", 『한글』, 제276호.

유혜원(2012), "'-하다'와 동일한 논항을 갖는 '-시키다' 구문 연구", 『우리어문연구』, 제42집, P121~147.

윤평현(1988), "'-게, -도록'의 의미에 대하여", 『국어국문학』, 제100호, P307~318.

왕녕박(2017), "한·중 사동과 피동 대조 연구", 부산대학교 박사학위논문.

이건수(1991), "절병합현상과 한국어의 사역형구문", 『언어연구』, 제14권, P44~55.

이관규(2005), 『국어 교육을 위한 국어 문법론』, 서울: 집문당, P321~343.

이광호(1988), "國語 格助詞 '을/를'의 硏究", 『國語學叢書』, 제12권, P87~107.

이광호(1988), "국어의 '목적어-주어 동지표문' 연구", 『국어학』, 제17권, P65~96.

이광호(2009), 『국어 파생 접미사의 생산성과 저지에 대한 계량적 연구』, 국어학회, P149.

이기용(2001), "대조언어학: 그 위상과 새로운 응용", 『언어과학연구』제19권, P69~86.

이동은·김윤신·이준규(2010), "한국어 학습자의 사동사 습득 연구 -중국인 학습자와 몽골인 학습자를 중심으로-", 『한글』, 제290호, P295~331.

이문화(2015), "병렬말뭉치 기반 한·중 사동표현의 대조 연구", 연세대학교 박사학위논문.

이봉금(2017), "'V1+V2'구조의 사동의미 파생 및 어휘적 사동과의 차이", 『중국어연구』, 제73집, P19~43.

이상억(1970), "국어의 사동·피동 구문 연구", 『국어연구』 26.

이상태(1972), "국어 사동화 구조에 관하여", 『국어교육연구』, 제4호.

이숙(2006), "국어의 어휘사동문", 『어문학논총(개교 60주년 기념 특별호)』, P283~305.

이은령·윤애선(2005), "한국어 동사의 어휘의미망 구축을 위한 중립동사의 의미 분할", 『언어와 정보』제9권 제2호, P22~48.

이익섭(2005, 2006), 『한국어 문법』, 서울: 서울대학교출판부, P276~281.

이익섭 · 임홍빈(1983), 『국어문법론』, 서울: 학연사.

이익섭 · 채완(1999), 『국어 문법론 강의』, 서울: 학연사, P293~314.

이정택(2005), "두 가지 유형의 {시키}", 『한말연구』 제16호, P175~195.

이주행(2001), 『한국어 문법의 이해』(개정판), 서울: 월인, P267.

이지수(2008), "타동성과 국어 사동표현의 의미", 『語文硏究』, 제30권 제2호, P145~170.

임호빈 외(2001), 『외국인을 위한 한국어 문법[Work book]』(신개정), 서울: 연세
　　대학교출판부, P447~452.

임호빈 외(2001), 『외국인을 위한 한국어 문법』, 서울: 연세대학교출판부,
　　P247~251.

임홍빈(2007), 『한국어의 주제와 통사분석: 주제 개념의 새로운 전개』, 서울: 서울
　　대학교출판부, P814~837.

전기정(2006), "현대중국어 '급(給)'의 사동 용법", 『中國語文論叢』, 제31집, P65~85.

전재호 · 홍사만(2005), 『韓 · 日言語文化對照硏究』, 서울: 역락출판사, P230~235.

정인상(1983), "국어 사동구문의 의미에 대한 고찰", 『충북대 논문집』 26.

정호성(2007), "국어 파생접미사의 통시적 연구", 성균관대학교 박사학위논문.

조규설(1974), "국어 사동사에 관한 연구", 『문리대학보(영남대)』, 제2권 제2호, P21.

채희락(1996), "'하-'의 특성과 경술어구문", 『語學硏究』, 제32권 제3호, P409~476.

최기용(1984), "한국어 첫째 하임법 연구", 서울대학교 석사학위논문.

최길림(2007), "한국어와 중국어 사동문의 대조 연구", 연세대학교 석사학위논문.

최병덕 외 옮김(1994), 『현대중국어 실용어법』, 서울: 고려원.

최재희(2004), 『한국어 문법론』, 서울: 태학사, P311~328.

최재희(2006), 『한국어 교육 문법론』, 서울: 태학사, P290.

崔泰榮(1987), "사동 · 피동접사의 음운론적 연구", 『숭실어문』, 제4집, P27~47.

최해주(2007), "한국어 피동, 사동 표현의 효율적인 교육방안 연구 -한국어 문법
　　서 및 교재 분석과 학습자 오류 유형을 중심으로-", 『새국어교육』, 제78권,
　　P295~317.

최현배(1937), 『우리말본』, 서울: 정음사, P387~388.

한동진(2009), "'시키-' 사동 구문 연구", 연세대학교 석사학위논문.

한봉(2010), "중국어권 학습자를 위한 한국어 사동표현 교수방안", 서울여자대학
　　교 석사학위논문.

한선혜 · 박철우, "'명사-시키다' 구성과 사전에서의 처리", 『한국사전학』, 제4호,
　　P185~221.

허성도(2005), 『현대 중국어 어법의 이해』, 사람과 책, P325, 340.

허웅(1964), "서기 15세기 국어의 사역·피동의 접사", 『동아문화』, 제2호, P127~128.

허웅(1975), 『우리 옛말본』, 서울: 샘문화사, P150~173.

허철구(1998), "조어법의 '시키-'에 관한 몇 문제", 『西江語文』, 제14집, P102~131.

2. 중국어 자료(중국어 병음순)

蔡軍·張慶文(2017), "漢語隱性事件性致使句的句法語義研究", 『現代外語』, 제40권, 제3호, P304~313.

陳昌來(2001), "論現代漢語的致使結構", 『井岡山師範學院學報』, 제6호, P28~33.

陳昌來(2002), 『二十世紀的漢語語法學』, 太原: 書海出版社.

陳昌來(2002), 『介詞與介引功能』, 合肥: 安徽教育出版社.

陳成澤(1922), 『國文法草創』, 北京: 商務印書館, P30~75.

鄧守信(1991), "漢語使成式的語義", 『國外語言學』, 제3호, P29~35.

丁聲樹 외(1961), 『現代漢語語法講話』, 北京: 商務印書館, P118~121.

範曉(1996), 『三個平面的理論』, 北京: 北京語言文化大學出版社.

範曉(2000), "論致使結構", 『語法研究與探索(10)』, 北京: 商務印書館, P135~151.

馮春田(2000), 『近代漢語語法研究』, 濟南: 山東教育出版社, P613~648.

高名凱(1948), 『漢語語法論』, 北京: 商務印書館, P241~218.

龔千炎(1987), 『中國語法學曆稿』, 北京: 語文出版社.

顧陽(2001), "隱性使役動詞及其句法結構", 『生成語法理論與漢語語法研究』, 哈爾濱: 黑龍江教育出版社, P112~134.

郭銳(2004), 『現代漢語詞類研究』, 北京: 商務印書館.

郭銳·葉向陽(2001), "致使的類型學和漢語的致使表達", 『第一屆特崗國際漢語語言學圓桌會議論文(新加坡)』.

郭姝慧(2004), "現代漢語致使句式研究", 北京大學 박사학위논문.

何元建·王玲玲(2002), "論漢語使役句", 『漢語學習』, 제4호, P1~9.

胡文澤(2005), "也谈'把'字句的语法意义", 『语言研究』, 제25권 제2호, P21~28.

胡裕樹·範曉(1995), "遞系式", 『動詞研究』, 鄭州: 河南大學出版社, P353~378.

許紅雲·史寶輝(2006), "現代漢語動補結構生成研究綜述", 『語言應用研究』, 제8호,

P52~55.

許餘龍(1992),『對比語言學槪論』, 上海: 上海外語教育出版社.

黃伯榮・廖序東(1991),『現代漢語(下)』, 北京: 高等教育出版社.

黃媛媛・陳莉萍(2018), "變化類動詞與致使-起動變式的互動機硏制究",『現代外語』, 제41권 제2호, P161~173.

蔣紹愚(2000), "內動,外動和使動",『漢語詞彙語法史論文集』, 北京: 商務印書館, P188~200.

金海月(2007), "朝漢致使範疇對比硏究", 中央民族大學 박사학위논문.

黎錦熙(1924),『新著國語文法』, 北京: 商務印書館, P25~32, 112~113.

李大忠(1996), ""使"字兼語句偏誤分析",『中國人民大學』, 제1호, P76~79.

李臨定(1984), "究竟哪個補哪個?-'動補關系再議',『漢語學習』, 제2호, P1~10.

李臨定(1986),『現代漢語句型』, 北京: 商務印書館, P134~163.

李泉(1997), ""形+賓"現象考察",『詞類問題考察』, 北京: 北京語言文化大學出版社.

李志兵(1990), "漢語使成式的形式",『古漢語硏究』, 제3호, P57~85.

梁紅雁(2004),『HSK應試語法』, 北京: 北京大學出版社.

梁曉波(2003), "致使詞彙與結構的認知硏究", 複旦大學 박사학위논문.

藺璜(1998), "80年代動結式硏究綜述",『山西大學學報(哲學社會科學版)』, P68~73.

劉街生(2013), "現代漢語的單動詞使動句",『漢語學報』, 제4호, P14-21.

劉永耕(2000), "使令度和使令類動詞的再分類",『語文硏究』, 제2호, P8~13.

陸儉明(1990), "述補結構的複雜性",『語言敎學硏究』, 제1호, P13~20.

呂冀平(1953), "動賓結構做補語",『語文學習』, 제11호, P34~38.

呂冀平(2002), "單句複句的劃界問題",『呂冀平漢語論集』, 北京: 社會科學文獻出版社, P29-50.

呂冀平(2002), "動賓結構做補充語",『呂冀平漢語論集』, 北京: 社會科學文獻出版社, P191~193.

呂叔湘(1942),『中國文法要略』, 北京: 商務印書館.

呂叔湘(1980), "把字用法的硏究",『漢語語法論文集』, 北京: 商務印書館, P176~199.

呂叔湘(1980), "漢語語法分析問題",『漢語語法論文集』, 北京: 商務印書館, P539~542, 547~551.

呂叔湘(1980),『現代漢語八百詞』, 北京: 商務印書館.

呂叔湘(1988), "說'勝'與'敗'",『語法硏究和探索(4)』, 北京: 北京大學出版, P4.

馬建忠(1898),『馬氏文通』, 北京: 商務印書館, P176.

馬希文(1987), "與動結式動詞有關的句式", 『中國語文』, 제6호.

孟琮 외(1999), 『漢語動詞用法詞典』, 北京: 商務印書館

苗延昌(1994), "現代中國語 動詞의 使動用法", 『중국어문학』, 제23집, P247~272.

繆錦安(1990), 『漢語的語義結構和補語形式』, 上海: 上海外語教育出版社, P42~45.

牛順心(2004), "漢語中致使範疇的結構類型研究", 上海師範大學 박사학위논문.

牛順心(2008), "從類型學參項看普通話中分析型致使結構的句法類型及其語義表現", 『語言研究』, 제1호, P60~68.

潘文國・譚慧敏(2006), 『對比語言學: 歷史與哲學思考』, 上海: 上海教育出版社.

彭利貞(1997), "論使役語義的語形表現", 『語文研究』, 제1호.

齊滬楊(2005), 『對外漢語教學語法』, 上海: 複旦大學出版社.

任鷹(2001), "主賓可換位動結式述語結構分析", 『中國語文』, 제6호, P508~518.

沈家煊(2003), "現代漢語"動補結構"的類型學考察", 『世界漢語教學』, 제3호.

沈陽・Sybesma(2002), "漢語"動補結構"的類型學特征", 『2002年國際漢語教學學術研討會論文集』, P243~256.

沈陽・Sybesma(2012), "作格動詞的性質和作格結構的構造", 『漢語學習』, 제6호, P44~51.

沈陽・何元建・顧陽(2001), 『生成語法理論與漢語語法研究』, 哈爾濱: 黑龍江教育出版社, P69~156.

施春宏(2008), 『漢語動結式的句法語義結構』, 北京: 北京語言大學出版社.

施春宏(2010), "從句式群看"把"字句及相關句式的語法意義", 『世界漢語教學』, 제3호, P291~309.

石毓智(2000), "現代漢語的動補結構: 一個類型學的比較研究", 『現代中國語研究』, 제1호, P62~69.

宋文輝(2006), "自動動結式的使動化", 『語法研究和探索(十三)』, 北京: 商務印書館.

譚麗(2009), "現代漢語使動用法研究", 首都師範大學 석사학위논문, P9~11.

譚景春(1995), "使令動詞和使令句", 『語法研究與探索(7)』, 北京: 商務印書館.

譚景春(1995), "致使動詞及其相關句型", 『語法研究與探索(8)』, 北京: 商務印書館.

譚景春(1997), "致使動詞及其相關句型", 『語法研究和探索(8)』, 北京: 商務印書館.

宛新政(2005), 『現代漢語致使句研究』, 杭州: 浙江大學出版社.

王力(1954), 『中國語法理論』, 濟南: 山東教育出版社, P109~115.

王力(1958), 『漢語史稿』, 北京: 科學出版社, P403~409.

王力(1983), 『中國現代語法』, 濟南: 山東教育出版社, P116~122.

王兆鵬(2002), "現代漢語的使動用法", 『漢字文化』, 제4호, P23~24.

文煉・胡附(2000), "詞類劃分中的幾個問題", 『中國語文』4, P298~381.

吳茂剛(2006), "近二十年來動結式研究述評", 『三峽大學學報(人文社會科學版)』, 제28권, P113~116.

吳平(2009), ""使"字句事件結構的語義分析", 『浙江大學學報(人文社會科學版)』, 제39권 제3호, P157~164.

邢福義(1993), "漢語複句與單句的對立和糾結", 『世界漢語教學』, 제1호, P11~19.

邢欣(1995), "致使動詞的配價", 『現代漢語配價語法研究』, 北京: 北京大學出版社, P192~216.

邢欣(2004), 『現代漢語兼語式』, 北京: 北京廣播學院出版社.

熊仲儒(2004), 『現代漢語中的致使句式』, 合肥: 安徽大學出版社.

薛凤生(1987), "試论'把'字句的语义特性", 『语言教学与研究』, 제1호, P4~22.

葉向陽(2004), "'把'字句的致使性解釋", 『世界漢語教學』, 제2호, P25~39.

袁毓林(2000), "述結式的結構和意義的不平衡性", 『現代中國語研究』, 제1호, P49~61.

張伯江(2000), "論"把"字句的句式語義", 『語言研究』, 제1호, P28~40.

張美蘭(2006), "近代漢語使役動詞及其相關的句法、語義結構", 『清華大學學報(哲學社會科學版)』, 제2호, P96~105.

趙世開(1999), 『漢英對比語法論集』, 上海: 上海外語教育出版社.

趙元任(1952), 『北京口語語法』, 上海: 開明書店.

趙元任(1968), 『漢語口語語法』, 北京: 商務印書館.

趙元任(1968), 『語言問題』, 北京: 商務印書館.

中國社會科學院語言研究所詞典編輯室(1978), 『現代漢語詞典』, 北京: 商務印書館.

周紅(2005), 『現代漢語致使範疇研究』, 上海: 複旦大學出版社.

朱德熙(1982), 『朱德熙文集 第1卷』, 北京: 商務印書館.

朱德熙(1997), 『語法講義』, 北京: 商務印書館.

朱德熙(1999), 『朱德熙文集 第2卷』, 北京: 商務印書館.

祝敏徹(1957), "論初期處置式", 『語言學論叢 1』, 上海: 新知識出版社.

祝敏徹(1958), "先秦兩漢時期的動詞補語句", 『語言學論叢 2』, 上海: 新知識出版社.

祝敏徹(1960), "'得'字用法演變考", 『甘肅師範大學學報』, 제1호, P49~61.

3. 영문 자료(알파벳순)

Shibatani(1973), "Lexical versus periphrastic causatives in Korean", 『Journal of Linguistics』 제9호, P281~297.

Shibatani(1975), "On the Nature of Synonmy in Causative", 『Language Research』, 제11집 제2호.